MISSION TEPEYAC

EDITIONS DU
SACRÉ COEUR

© Éditions du Sacré-Cœur, Tours, 2015
Tous droits réservés pour tous pays.

Éditions du Sacré-Cœur
17 rue de San Francisco
37000 - Tours
editionsdusacrecoeur@laposte.net
www.editionsdusacrecoeur.fr

Romain et Réna de Chateauvieux

avec la collaboration de
Marie-Hélène de Chérisey

Mission Tepeyac

L'extraordinaire aventure d'une famille au service
de l'Église et des plus pauvres

Éditions du Sacré-Cœur

À nos enfants :
Théophane, Silouane, Juan Diego et Esteban.

À nos frères et nos maîtres :
les petits et les humbles.

Préface

Romain et Rena de Chateauvieux nous invitent à entrer dans un voyage à la fois géographique et intérieur qui les a conduits depuis la France jusqu'aux États-Unis, puis en Amérique du Sud, où ils résident actuellement. Leur démarche conjugue des déplacements et des sédentarités. « *Tout pèlerinage symbolise notre vie. Il signifie le désir de ne pas s'installer. Il invite à ne pas se résoudre à émousser nos énergies, à fermer notre horizon, à accepter le défi des intempéries, à affronter les obstacles, et d'abord ceux de notre fragilité, à persévérer jusqu'au bout* » (saint Jean-Paul II, Strasbourg 1988).

Le pèlerinage qu'ont entrepris Romain et Rena ne se caractérise pas, comme tant d'autres, par un climat de dévotion, par une piété personnelle, mais d'abord par la recherche d'une identité chrétienne. Il exprime cette tension fertile entre une foi qu'on a trouvée et une foi qui cherche encore. Leur route n'était pas étrangère aux réalités humaines, sociales et religieuses qu'ils ont côtoyées, mais elle s'est nourrie avant tout de la rencontre de visages d'hommes, de femmes et d'enfants à l'égard desquels ils ont pu témoigner leur attachement au Christ et Le découvrir lui-même dans le regard du petit et de l'humilié.

Attester notre foi aujourd'hui procède ainsi d'une triple attitude : être envoyé au nom du Christ par l'Église ; découvrir son visage dans les Vendredis saints de notre temps ; communiquer, enfin, à ceux que l'on rencontre notre joie de croire. Cette action passe non seulement par des paroles, mais aussi par des gestes, des attentions, des mains tendues par lesquels la charité se déploie.

Dans le récit que nous livrent Romain et Rena, chaque rencontre est épiphanique. Dieu s'y révèle en transparence et se révèle à travers l'autre, devenu prochain. Il manifeste ainsi sa présence à celui qui, au départ, n'était qu'un étranger. En chacune de ces rencontres, souvent providentielles, Romain et Rena ont découvert un sens. Chaque contact fut quelque peu herméneutique, mais aussi eucharistique : action de grâce et action de la grâce. La main tendue à celui qui en a besoin, les pas qui se portent au-devant des malheurs du monde, le cœur qui se dilate quand il a deviné les attentes intérieures des gens invitent à un exode, à un passage, à faire ses pâques. C'est le Christ qui, par cette relecture, a pu offrir l'intelligence, l'exégèse de chacun de ces moments privilégiés.

Merci, Romain et Rena, de nous faire entrer

par cet ouvrage dans cette aventure spirituelle et familiale, de nous associer à son action de grâce et de nous faire découvrir, à travers vous, l'universalité de l'Évangile.

Monseigneur Dominique Rey
Evêque de Fréjus-Toulon

Prologue
Conversions croisées

Rena : la Bible m'a sauvée !

La ville touristique de Salvador de Bahia, au Brésil, est connue pour la beauté de ses plages de cocotiers, mais aussi pour la pauvreté de ses favelas. Dans ces bidonvilles, les maisons en bois et matériaux de récupération sont construites sur pilotis, au-dessus d'un marécage. Faute de place, les familles vivent dans quelques mètres carrés seulement, avec beaucoup d'enfants.

Deuxième d'une fratrie de cinq frères et sœurs, j'ai passé mon enfance dans ce type de maison, sans aucune éducation religieuse : ni prières, ni messes, ni catéchisme. Le peu d'argent que mon père gagnait, il le buvait. Il battait ma mère et nous, enfants, nous assistions impuissants à ces scènes de violence.

Mes parents se sont finalement séparés, et ma mère a dû nous élever seule. Quand elle ne trouvait personne pour nous garder, elle n'avait pas d'autre choix que de nous laisser à la maison pour pouvoir travailler. Certains jours, j'allais à l'école le ventre vide. C'étaient des réalités difficiles parce que la vie dans les bidonvilles est marquée par la violence : violence due au trafic de drogue, violence des jeunes filles qui tombent dans la prostitution parce qu'elles n'ont pas d'autre moyen de gagner leur vie, violence des policiers qui débarquent pour emmener des gens en prison. Moi aussi, j'aurais pu tomber dans la drogue ou devenir prostituée, mais un événement a bousculé toute ma vie. Pourtant, je n'ai ni gagné au Loto, ni découvert de trésor matériel : j'ai rencontré quelqu'un !

À l'âge de 17 ans, je trouve chez moi une petite bible. En l'ouvrant par hasard, je tombe sur un passage qui touche profondément mon cœur : la Passion du Christ, lorsque Jésus porte sa croix, qu'il est cloué dessus, couronné d'épines. C'est la première fois que je découvre ce dieu d'amour. Ce passage résonne alors tellement fort en mon cœur que je me dis : « S'il existe un dieu comme celui-là, m'aimant au point d'avoir donné sa vie pour moi sur une croix, alors je suis nulle... parce que moi, Rena, je ne fais rien pour Lui ! » À partir de ce moment-là, quelque chose commence à changer dans mon cœur. Je recherche Dieu et, naturellement, monte en moi le désir de tout donner pour Lui.

Je me rends à la paroisse la plus proche de chez moi : la paroisse Notre-Dame des Alagados. J'ai de la chance : c'est tout simplement la plus belle paroisse du monde ! Elle est confiée à un prêtre français de feu : le père Dominique You ! En fréquentant l'église, je découvre une communauté extrêmement dynamique avec beaucoup de jeunes, des missionnaires envoyés par la Fidesco et de nombreuses propositions d'activités ! Je vis une vraie conversion, mais le désir de donner toujours plus à Celui qui m'a tout donné continue à grandir. C'est alors que je fais la connaissance d'une petite communauté de vie : la communauté Bernadette. Elle est formée de jeunes missionnaires qui travaillent au cœur de mon quartier. Leur appel est de mener une vie de pauvreté et de prière, à l'école Sainte-Bernadette.

Alors que je n'ai que 17 ans, je demande à être accueillie dans cette communauté. J'y reste six ans, y apprenant l'amour de la prière et de la mission, en accueillant ma propre pauvreté. Mon regard sur celle-ci en est profondément changé. Elle ne m'apparaît plus comme quelque chose de lourd, mais comme un trésor que je peux choisir pour ma vie, en regardant Jésus, qui lui aussi était pauvre et est mort pauvre, sur la croix. Cette pauvreté que j'ai tant détestée, haïe, finalement, je la choisis.

Sans quitter mon pays ni apprendre de langue étrangère, mais en restant dans mon quartier, avec des gens que je connais depuis toujours, je deviens missionnaire auprès des jeunes filles et des familles. Plus tard, j'y rencontrerai aussi l'amour de ma vie...

Romain : un chemin de croix pas comme les autres

À l'inverse de Rena, j'ai beaucoup reçu. J'ai grandi entre l'île de La Réunion et Marseille, avec des frères et sœurs et des parents merveilleux. Nous n'avons manqué de rien. J'ai suivi le chemin « classique » d'une éducation catholique : baptême, catéchisme, première communion, profession de foi, confirmation, messe tous les dimanches... Puis j'ai commencé des études d'architecture. Au cours de la troisième année, j'ai eu la chance de pouvoir partir au Chili.

Juste avant mon départ, je rencontre un couple missionnaire, Aymeric et Christine O'Neill. Ils viennent de rentrer de cinq années de mission au Brésil. Leur témoignage est pour moi extraordinaire. Je bois leurs paroles, qui restent gravées dans un coin de ma tête.

Au Chili, je mène une vie semblable à celle de saint François, mais plutôt avant sa conversion, si bien qu'à la fin du premier semestre je suis convoqué par le directeur de l'école :

– Romain, nous sommes très heureux de vous avoir dans notre école, mais le problème est que vous n'avez assisté seulement qu'à la moitié des cours et que vous n'avez passé que très peu d'examens. Nous vous proposons soit de redoubler votre semestre dans notre école, soit de rentrer en France.

Aucune des deux propositions ne me convient et je repense au témoignage de ce couple missionnaire. C'est alors que le père Bernard de Villanfray, envoyé depuis peu au Brésil, m'invite à le rejoindre. Je n'ai pas besoin de réfléchir très longtemps. Après avoir pris quelques conseils, je pars...

Cette expérience change ma vie. J'y rencontre la pauvreté des favelas, mais, très vite, je m'aperçois qu'il y a ici une richesse que je suis bien loin de posséder.

Un autre événement vient alors bouleverser ma vie, pendant le carême. Le Jeudi saint, j'assiste à une veillée d'une extraordinaire beauté dans la paroisse de la favela. À la fin, la responsable de la pastorale des jeunes s'approche de moi et me tape sur l'épaule :

– Romain, nous sommes très ennuyés parce que, demain, c'est Vendredi saint. Nous organisons un chemin de croix et nous avons tous les personnages sauf... celui de Jésus.

J'ai les cheveux longs et la barbe... je corresponds donc bien au boulot. Tout en repassant mes derniers chemins de croix en France, j'accepte, sûr qu'il n'y a pas de danger ! Rendez-vous est pris pour le lendemain, à 6 heures du matin, devant l'église.

J'arrive le lendemain, pas encore tout à fait réveillé. Je découvre alors tous les gars du quartier déguisés en soldats romains, en Ponce Pilate... La Vierge Marie est là aussi ! On me montre alors une énorme croix, puis, Ponce Pilate une tunique blanche à la main, s'approche de moi.

– Romain, va te préparer ! On démarre dans dix minutes !

Où suis-je tombé ? Je m'habille, prends ma croix et me dirige vers l'intérieur de l'église. Un soldat romain m'arrête.

– Non, c'est de l'autre côté !

Et nous voilà partis pour deux heures de chemin de croix dans les rues de la favela. Pour moi, l'expérience est incroyable : les soldats ne sont pas là pour faire semblant et prennent leur rôle très au sérieux ! Ils me poussent, me fouettent.

Pour couronner le tout, il se met à pleuvoir. Pas une petite pluie comme on en voit chez nous, mais une vraie douche transformant vite le chemin en boue. Imperturbablement, le chemin de croix continue. Au moment où le prêtre annonce la troisième station, « Jésus tombe pour la première fois », j'hésite en regardant mes pieds pataugeant dans un mélange de boue et d'égout. Un des soldats, voyant mon hésitation, me pousse alors violemment et je m'étale avec la croix, le visage dans la boue. Pendant que je suis à terre survient alors un phénomène violent et très doux à la fois. La cloison séparant mon intelligence de mon cœur cède d'un coup. Tout bascule alors de la tête au cœur ! Mon cœur explose, soumis à une puissance d'amour infinie. Je perçois ma nullité, mon péché, ma petitesse et, pourtant, je ressens pour la première fois l'amour infini de Jésus pour moi. Je comprends enfin, après toutes ces années de catéchisme, que Jésus est mort sur la croix, juste pour moi. C'est vrai et c'est aujourd'hui !

Dans un réflexe d'amour, je dis à Jésus :

– Seigneur, si vraiment tu as donné ta vie pour moi, alors moi aussi je peux te donner la mienne. Je te la donne et je te la donne pour toujours. Je suis à toi ! Fais de moi ce que tu voudras !

À la fin du chemin de croix, je pense avoir compris la leçon, mais une des petites sœurs de mère Teresa qui travaillent dans le quartier vient me voir.

– Romain, j'ai un service à te demander. Un vieil homme habite tout au bout de la favela. Il ne peut pas se déplacer, et pourtant il doit vraiment prendre ce médicament. Est-ce que tu voudrais bien le lui porter ?

Au point où j'en suis, je n'ai plus rien à perdre. J'accepte, prends le médicament et me rends à l'autre extrémité de la favela. Je frappe à la porte d'une petite maison. À l'intérieur, un lit de bois, la cuisine, quelques chaises et c'est tout. Allongé sur le lit se trouve un vieux monsieur brésilien : Ricardo. Son visage buriné par la misère est celui d'un homme qui a beaucoup souffert. Il est pourtant d'une noblesse étonnante. Il me fait signe de m'approcher et de m'asseoir près de lui. Ricardo commence à me raconter sa vie, son fils mort à cause du trafic de drogue, sa famille éclatée... Tout à coup, il se met à sangloter comme un petit enfant. Mon premier réflexe est d'essuyer ses larmes. Aussitôt ce geste fait, un miracle se produit. C'est comme si j'essuyais le visage couvert de sang, de crachats et de larmes de Jésus souffrant avec la couronne d'épines. Le Christ me regarde droit dans les yeux avec une infinie miséricorde. Il prononce cette parole restée gravée au fer rouge dans mon cœur :

– Romain, le bonheur que tu cherches, c'est au service des pauvres que tu le trouveras.

En sortant, je comprends alors que ma vocation est d'être missionnaire, de servir l'Église et les pauvres. Je remercie le Seigneur pour ce précieux cadeau. Mais comment ?

Dans les semaines qui suivent, le Seigneur me réserve une nouvelle surprise. Plus les semaines passent, plus je tombe éperdument amoureux de Rena. C'est pour moi un véritable dilemme. Quand je marche avec elle dans les rues de sa favela, là où elle a grandi, s'est convertie, et là où elle est aujourd'hui missionnaire, le témoignage est impressionnant. En la voyant au service des enfants, des jeunes, des familles les plus abandonnées, en voyant sa vie de prière et en constatant mon amour pour elle qui grandit, j'entends une petite voix au fond de mon cœur me dit : « Romain, tu es en train de tomber amoureux de mère Teresa ! » Plus tard, je me rendrai compte que Rena, au même moment, vivait la même chose de son côté et que la petite voix lui chuchotait de la même manière : « Rena, tu es en train de tomber amoureuse d'un curé ! »

Mais notre amitié, rythmée par les temps de mission et de prière de la communauté, est si pure et si chaste qu'aucun des deux ne s'aventure à révéler ses sentiments à l'autre.

Ne voulant en rien troubler le cœur de Rena et la distraire de sa vocation, je fais secrètement cette drôle de promesse à Jésus : « Seigneur, promis, je ne te piquerai pas une bonne sœur ! », et décide de taire mes sentiments pour elle !

Le temps passe, puis vient pour moi le moment de rentrer en France. En effet, l'université reprend dans quelques semaines… En quittant Rena, une prière pleine de gratitude habite mon cœur :

– Seigneur, nous avons vécu une amitié qui nous a fait tellement grandir, qui nous a tellement ancrés en toi, qu'elle ne peut venir que de toi. Elle n'est qu'un cadeau de ta part et, si un jour nous devons nous revoir, c'est toi qui le permettras.

Nous n'avons aucun contact pendant un an et demi : ni appel téléphonique, ni lettre, ni SMS. J'ai la chance d'être accueilli pendant tout ce temps par Aymeric et Christine O'Neill, dans la toute jeune Fraternité Bernadette à Marseille. J'y apprends et y reçois tellement !

Voyant la fin de mes études approcher, toujours désireux de donner toute ma vie au Christ de façon radicale, fasciné par le couple exemplaire que forment Aymeric et Christine, avec qui je vis au quotidien, je décide alors, sur les conseils de mon accompagnateur spirituel, de revenir au Brésil et de faire le point au sujet de cette jeune fille qui habite encore mes pensées. Je préviens alors mes parents avant mon départ :

– Je pars pour dix jours au Brésil et, quand je reviendrai, je crois que soit je serai fiancé, soit j'entrerai au séminaire !

Une fois sur place, je retrouve Rena. Tout devrait coller, mais c'est l'horreur ! À chaque fois que je croise son regard, je deviens rouge écarlate, sans oser lui parler. Au bout du troisième jour, j'essaie de me raisonner : « Romain, tu as dépensé huit cents euros dans un billet d'avion, et tu vas repartir sans savoir, sans lui avoir parlé ? Allez ! Bouge-toi ! »

Le soir, prenant mon courage à deux mains, je frappe timidement à la porte de sa chambre. Quand elle ouvre, je bafouille :

– Euh... Est-ce qu'on peut déjeuner ensemble demain ?

Nous nous retrouvons, juste tous les deux, le lendemain. J'ai pour mission de cuisiner. Le menu est infect, mais, malgré cela, nous vivons un moment merveilleux. Nous évoquons tour à tour le travail accompli par le Seigneur dans le secret de nos cœurs et la manière dont nous avons vécu ce temps de silence. À mesure que nous nous remémorons ce temps de séparation, nous chassons les derniers doutes de notre esprit : notre aspiration commune au mariage nous apparaît de manière simple et claire. Je prends alors mon courage à deux mains et demande à Rena de devenir ma femme ! Rena accepte et, fous de joie, nous actons ensemble notre décision de fonder une famille dévouée à la cause de l'Église et des pauvres.

Un an et demi après nos fiançailles, nous nous marions dans la paroisse Notre-Dame des Alagados, petite église située au cœur d'une favela de Salvador de Bahia. Pour notre mariage, nous demandons à Jésus trois cadeaux en échange du don de nos vies : la grâce de la prière, la grâce de la simplicité de vie et, enfin, la grâce d'être missionnaires toute notre vie... jusque dans l'éternité !

Quelques mois après, nous décidons de partir en mission avec Fidesco, en leur demandant de nous envoyer vers le lieu le plus pauvre et le plus perdu qu'ils puissent trouver.

Nous voilà appelés, à notre grande surprise, au nord d'Atlanta, dans la ville de Gainesville, la capitale mondiale de la production de poulets.

Livre premier

À l'école de la mission

1

Gainesville Trailer Park

Janvier à avril 2007

Bienvenue dans la capitale du poulet !

Nous sommes vraiment dans l'Amérique profonde. La population se déplace en voiture, chacun possède la sienne, et celui qui n'en a pas appelle un taxi ou s'en va à pied. Pourtant, Gainesville n'a rien à voir avec New York : il n'y a qu'un seul hôpital et une seule église catholique contre une multitude d'églises protestantes éparpillées aux quatre coins de la ville. Nous sommes marqués par la foi et la religiosité des Américains. À chaque fois que nous disons que nous sommes missionnaires, nous sommes félicités et admirés...

Nous débarquons, avec Rena enceinte, à Gainesville Trailer Park, dans le quartier de Little

Mexico, où nous comptons nous installer. Cette partie de la ville a été hispanisée. On y trouve des magasins hispaniques, des restaurants mexicains, des robes de mariage pour les latinos... Une immense population originaire de Mexico qui, en majorité, ne parle pas anglais.

Ici, les maisons ne sont ni en béton ni en bois. Elles ont des roues sous le plancher et sont construites en fer. On appelle cela des trailers. Chaque mobile home est un monde à lui tout seul ! En effet, chaque personne qui y vit a son histoire, ses difficultés et ses blessures. Chacun a sacrifié quelque chose pour pouvoir être ici aujourd'hui, aux États-Unis.

Le point de chute des migrants

Comment les migrants arrivent-ils jusque-là ? Dans la majorité des cas, les hommes partent les premiers, laissant femme et enfants, pour affronter le passage hautement périlleux de la frontière entre le Mexique et les États-Unis. Il faut payer de quatre à cinq mille dollars cash aux « coyotes », les passeurs mexicains qui connaissent les chemins à travers le désert ou les montagnes. Beaucoup vendent tout ce qu'ils possèdent pour tenter leur chance. Le prix comprend le pot-de-vin versé aux douaniers américains afin qu'ils ferment les yeux pendant que les coyotes et les clandestins se faufilent par le trou du grillage de la frontière. Une partie parvient au but, au bout d'une semaine de marche. La moitié est ramenée dans le pays d'origine. Beaucoup aussi sont escroqués par les coyotes, sexuellement abusés et laissés perdus dans la montagne ou le désert. D'autres meurent et n'arrivent jamais...

— Si je suis venu ici, nous raconte Jorge, c'est parce que j'ai été invité par un homme qui disait avoir beaucoup d'argent et des propositions de boulot aux États-Unis. Comme la vie au Mexique est rude et que le travail se faisait rare, j'ai décidé d'accepter son offre. Tout ce que j'avais, je l'ai vendu pour payer le voyage. J'ai été jusqu'à emprunter de l'argent en pensant qu'après je pourrais le rembourser avec ce que j'aurais gagné là-bas. On a eu une mauvaise surprise en arrivant à la frontière. Un autre gars, que nous n'avions jamais vu, nous attendait pour faire « l'autre partie du voyage », comme il disait. Ce gars nous a emmenés dans une chambre d'hôtel. Il nous y a enfermés pendant une semaine en nous demandant de payer encore une fois ce qu'on avait déjà payé à l'autre ! Nous nous sommes rendu compte que ce coyote était un bandit. Avec lui, toute une troupe attendait en se saoulant et en sniffant de la cocaïne que nous lui payions la rançon ! Nous étions kidnappés ! Avec les autres, nous avons décidé de nous enfuir. On s'est échappés de nuit et on s'est retrouvés sans argent, sans famille et sans savoir où nous étions ! Mais, gloire à Dieu, nous étions de l'autre côté de la frontière, aux États-Unis !

Pour les femmes, la traversée est encore plus périlleuse et délicate, le plus grand danger étant le viol. Ainsi se confie doña Maria :

— Mon voyage fut très difficile ! Je suis venue avec mes trois fils et ma fille Lilia. Mon époux était déjà aux États-Unis. Nous sommes passés par des sentiers tellement durs, les pierres, les épines... Nos pieds ne nous portaient plus tellement nous avions marché ! Quand nous sommes arrivés à la frontière, notre guide nous a dit qu'il fallait passer séparément, les jeunes femmes en premier. Au début, j'ai résisté en disant que je ne voulais pas laisser ma fille toute seule, mais rien n'y a fait ! Après la traversée, nous n'avons plus eu aucune nouvelle de Lilia et de l'autre jeune fille qui était avec elle. Elles avaient disparu ! Les coyotes nous répétaient que tout allait bien ! Deux semaines après notre arrivée aux États-Unis, nous avons reçu l'appel d'un homme qui disait que ma fille était séquestrée et qu'il fallait payer trois mille dollars pour qu'il la relâche. Nous avons payé et Lilia, aujourd'hui, est parmi nous.

Lilia a 25 ans. Elle vit avec la grande douleur d'avoir été violée par les coyotes.

Après cette terrible épreuve de la traversée, chacun doit commencer une nouvelle vie : trouver un travail, une maison et des amis.

Les affres de la vie clandestine

Le trailer est une solution de dépannage. Dans notre trailer park, beaucoup de familles se regroupent pour n'avoir à payer le loyer que d'un seul trailer. Les hommes qui arrivent ici sans leur femme et leurs enfants vivent à six ou sept pour que le loyer soit moins cher. Les trailers n'étant pas très grands, chacun se débrouille pour s'aménager un petit espace d'intimité.

– En faisant ainsi, je dépense moins et je peux envoyer plus d'argent à ma famille. Je veux que mes enfants étudient et puissent faire une belle carrière.

Je ne veux pas qu'ils passent par ce que je vis aujourd'hui !

Quel témoignage que celui de ces pères qui se sacrifient pour leurs enfants !

Mais les tentations telles que l'alcool et la drogue existent jour et nuit dans le quartier. Certains parviennent à les surmonter, comme Martin, premier ami rencontré. Il fait partie d'une église pentecôtiste et son cœur se convertit jour après jour :

– Avant, je buvais tellement que je passais mon temps à frapper ma femme ! Il n'y avait aucun sens à ma vie si ce n'est l'alcool, jusqu'à ce que, par la grâce du Seigneur, je réussisse à arrêter. Aujourd'hui, je veux juste servir le Seigneur !

D'autres, au contraire, se laissent emprisonner par le vice et ne voient même pas pourquoi arrêter. La plupart sont embarqués par la police ou perdent leur travail et se retrouvent à la rue ! Ils vivent d'expédients pour payer leur bouteille et squattent des maisons abandonnées en dormant par terre, dans le froid.

Une nuit, José, un jeune de 24 ans déjà bien défiguré par l'alcool, vient chez nous avec une image de Notre-Dame de Guadalupe. Il veut l'apporter à l'église pour que le prêtre la bénisse. Après avoir passé un bon moment avec nous, il accepte de venir participer à un groupe de prière. Le samedi suivant, après avoir été expulsé de la maison de son ami à cause de son état d'ivresse, il vient chez nous en titubant, s'endort un moment, puis repart boire. Il n'a aucune famille ici, aucun projet pour le futur ! Depuis deux semaines, José a disparu et personne ne sait où il se trouve. Nous prions et nous nous préparons à aller le visiter en prison…

Un autre problème, qui va de pair avec l'alcool, est celui de la violence conjugale. La bouteille et la drogue rendent les maris méconnaissables. Blanca, notre voisine, souffre de ce drame. Un dimanche, elle arrive chez nous en pleurant, avec sa fille de 5 ans :
– Mon mari a bu et a pris de la cocaïne. Maintenant, il veut me taper dessus. Les autres fois, je n'ai pas réagi et je l'ai laissé faire, mais cette fois j'en ai assez. J'ai peur de revenir à la maison, je ne sais pas ce qu'il est capable de me faire. On dirait que c'est quelqu'un d'autre, je ne le reconnais plus !

L'infidélité est une autre blessure pour les hommes de notre quartier. La plupart de ceux qui viennent aux États-Unis restent des années sans jamais revenir au pays. Le témoignage de Jacinto est éloquent :
– Cela fait presque deux ans que je suis ici. J'appelle ma femme presque tous les jours. Quand je suis parti, elle était enceinte. Je ne connais pas encore ma fille. J'ai vraiment envie de la voir. Je lui ai déjà acheté une robe pour son anniversaire.

Ici, les gens ont la foi. Cette foi se manifeste surtout par leur amour pour Notre-Dame de Guadalupe. Il est impressionnant de voir la quantité de personnes qui restent catholiques au milieu de tant d'Églises protestantes, convaincues que « les autres Églises n'aiment pas Marie ». Nous sommes évangélisés par eux chaque jour. Même au milieu des épreuves ou quand les choses vont mal, ils témoignent : « Le Seigneur était avec moi et m'a aidé. » L'expression que nous entendons le plus fréquemment ici est : « Primeramente Dios ! (Qu'Il soit premier en tout, que tout se passe comme Il le veut et quand Il le veut !).

La joie de notre quartier se manifeste par les enfants qui courent partout, la musique mexicaine tonitruante (au cas où quelqu'un voudrait dormir) et, surtout, par une manière de vivre et de voir la vie.

Cadeaux de mariage en différé

La simplicité de vie est un des cadeaux de mariage que nous avons demandés à Dieu. Elle est pour nous une source de grande joie et de liberté, un moyen de nous remettre entre les mains de la providence... et de recevoir de Dieu juste ce qu'il nous faut !

Après quelques semaines d'exploration du quartier de Little Mexico, nous trouvons notre maison : un mobile home aussi spartiate que celui de nos voisins. Cela nous va bien, à un détail près : le trailer est vide ! Nous n'avons ni lit, ni commode, ni poêle à frire, rien !

Le premier jour, nous recevons la visite d'une petite dame et de son mari qui nous font cadeau d'un lit. Pratique, tout de même ! Dans sa bonté, la femme va jusqu'à mettre les draps ! Nous décidons de l'adopter comme « maman de la mission » pour notre famille. Pendant une semaine, paroissiens, voisins et amis défilent chez nous, apportant tout ce qui peut être nécessaire à un couple missionnaire attendant un bébé. Faire sa liste de mariage auprès du Bon Dieu est une expérience vraiment étonnante ! Nous recevons avec une telle abondance que nous donnons le surplus à nos voisins.

La majorité d'entre eux sont catholiques, et tellement heureux de voir une famille missionnaire s'installer dans leur quartier! Certains, comme Marco, sont plus méfiants :

— Au début, quand vous êtes arrivés, je croyais que Romain était gringo. Ça fait des années qu'il n'y a plus d'Américains dans le trailer park. Ici, c'est puro mexicanos !

Un couple franco-brésilien qui attend un bébé et choisit de venir vivre avec eux est, à leurs yeux, pour le moins insolite! Nous sommes d'autant plus touchés d'être progressivement adoptés, au point de nous fondre dans le quartier. Quel cadeau de pouvoir accueillir au sein de notre famille les papas, les mamans, les petits vieux, les jeunes et les enfants et d'entendre de la bouche du petit Hugo :

— Mais pourquoi tout le monde veut venir chez vous ?

*

Rena en est à son septième mois de grossesse. Tous ceux que nous rencontrons pendant la mission partagent notre impatience.

— Nous voulons voir le baby, nous répète Cuba, un des travailleurs sans papiers à qui nous apportons un verre de café chaque matin.

Le bébé est en pleine forme, bouge dans tous les sens et nous surprend déjà... Les soins médicaux, aux États-Unis, sont très chers. Nous avons trouvé une clinique privée de très bonne qualité, avec un docteur extraordinaire. Le hic est que cette clinique de rêve nous demande des sommes astronomiques pour le suivi de grossesse. Après deux visites, nous allons voir une autre clinique publique où les frais sont moitié moins élevés, mais où les soins restent de bonne qualité. Nous revenons alors tout heureux à

la première clinique pour leur annoncer notre départ. La secrétaire, la comptable et le docteur se réunissent un instant. La comptable revient vers nous :
— Je sais que vous êtes missionnaires. Ma fille aussi est missionnaire à Santiago du Chili. Si vous voulez bien accepter de payer vos deux premières visites, nous vous offrons le reste des soins.

*

C'est dans ce contexte particulier que Fidesco nous envoie ouvrir une nouvelle mission et nous met en contact, pour ce faire, avec un couple américain, Richard et Danielle Borgman. Tous deux forment un couple de missionnaires exemplaire. Richard a déjà démarré certains projets que nous serons appelés à développer par la suite. Nous sommes touchés que Dieu réponde à notre désir de couple de servir les plus petits, qu'Il nous fasse cette confiance. Nous rêvons déjà de voir les habitants de Little Mexico avec une vraie paroisse ou en procession dans les rues du quartier à la suite du Christ ! Mais nous sentons qu'il nous faut avant tout prendre le temps de les rencontrer, de les écouter, afin de discerner le plan que Dieu a conçu pour eux. Pendant plusieurs semaines, nous visitons tous deux le quartier et faisons connaissance avec ses habitants pour écouter leurs joies et leurs peines, pour entendre « le cri de ce peuple ». Tous les « petits projets » de la mission sont d'abord nés de ces rencontres qui ont fait leur chemin dans nos cœurs.

Le Café de la Miséricorde

La population vivant dans Little Mexico est constituée en majorité d'« illégaux ». Le lieu de rendez-vous du travail clandestin est un grand parking de supermarché connu sous le nom de l'Esquina (le coin de la rue, en espagnol). Qu'il pleuve ou qu'il vente, les travailleurs attendent debout, dès le petit matin. Les patrons américains s'arrêtent et embarquent une, deux, trois personnes, pour un travail à la journée ou, par chance, à la semaine. Pas toujours bien payé – la moyenne est de dix dollars l'heure –, le job est généralement très pénible. Le plus souvent, les travailleurs attendent en vain. Nombreuses aussi sont les journées de travail qui ne sont jamais payées !

C'est face à cette souffrance, face à ces hommes atteints dans leur dignité, courant après les voitures dans l'espoir de trouver un travail, qu'est né le Café de la Miséricorde. Avant notre arrivée, Richard était déjà venu leur distribuer du café pendant plusieurs mois. Aujourd'hui, nous prenons le relais. Tous les matins, à 6 h 30, nous sommes sur le parking et attendons avec eux, offrant un café, un sourire, un moment d'amitié. Au gré des discussions, nous connaissons le nom et l'histoire de chacun.

En les écoutant raconter leurs conditions de travail, nous nous rendons compte que leur incapacité à parler anglais est un vrai handicap, qu'elle suscite les réactions les plus méprisantes de la part des patrons américains :

– Ils me traitent comme un esclave africain et se moquent de moi parce que je ne comprends pas ce qu'ils me disent.

– Le patron m'a payé moins parce que je ne sais pas parler anglais.
– Vous savez ce qui nous manque le plus, ici ? C'est de parler un peu anglais pour pouvoir nous défendre face aux patrons américains.

Face à ce besoin, nous décidons d'accueillir chez nous nos voisins esquineros pour leur apprendre l'anglais deux fois par semaine, le soir, après le travail. Les cours sont très basiques et le niveau très bas. Mais nous passons une heure fraternelle, où chacun est valorisé dans ce qu'il sait.

Par la suite, la détresse d'un de nos amis, Annibal, nous pousse à mettre en place un autre projet. Ce garçon de 26 ans a perdu sa femme et son enfant après avoir commencé à boire à l'âge de 21 ans. Sa famille l'a peu à peu laissé tomber après avoir essayé de l'aider à sortir de l'alcool. Il a perdu sa maison et son travail, après un moment passé en prison. C'est à la fin de sa peine qu'il vient nous demander de l'aide. Il se trouve aujourd'hui à un stade où il peut encore s'en sortir, mais il sent lui-même que, s'il ne fait rien, il va être condamné au vagabondage. Il est allé voir les Alcooliques anonymes, mais ces derniers l'ont découragé :

– Moi, je ne veux pas qu'on me gronde, je veux qu'on m'aide et qu'on me soutienne !

Nous sentons que le Christ nous appelle à faire quelque chose. En priant à cette intention, nous recevons une parole de l'Ecclésiastique : « La prière du pauvre frappe les oreilles de Dieu, dont le jugement ne saurait tarder. Qui hait la réprimande emprunte le sentier du pécheur, celui qui craint le Seigneur se convertit en son cœur » (Eccl. 21:5-6).

Comment inciter ces trois ou quatre frères qui nous ont appelés à l'aide à changer de bouteille ? Nous avons l'intuition qu'il faut oser les inviter à boire à la Miséricorde du Christ ! C'est ainsi que nous lançons « la bouteille de la Miséricorde ».

La bouteille de la Miséricorde

Nous nous installons la nuit du vendredi dans un endroit appelé la Cité perdue, plaque tournante de l'alcool, du crack et de la prostitution. Nous improvisons un petit autel avec des bougies et installons dessus une grande reproduction de la Divine Miséricorde.

Dès le premier soir, le résultat est assez surprenant. À peine avons-nous mis le cadre sur l'autel qu'arrivent les alcooliques et les trafiquants !

– Qu'est-ce qu'il nous veut, le chef ? demande Victor, accro au crack, en désignant le cadre d'un signe de tête.

Romain lui répond que Jésus vient dans le noir pour dire à ceux qui sont perdus qu'Il les aime quand même !

Victor est un des principaux trafiquants du quartier. Depuis ce soir-là, il passe tous les vendredis pour dire bonsoir au « chef » et prendre un thé chaud avec Romain, qui finit par gagner sa confiance. Quel honneur ! Victor fait partie de ces gars pleins de tatouages qui viennent s'agenouiller devant le tableau en nous demandant de prier avec eux. C'est un ministère tout nouveau pour nous, mais vraiment bouleversant. L'effet de la Divine Miséricorde est extraordinaire quand elle entre dans un cœur qui en a vraiment soif !

Les après-midi de la Miséricorde

C'est pendant le week-end, quand les hommes mélangent en un dangereux cocktail musique, bière, cocaïne et bagarres, que nous voulons offrir un moment de qualité à leurs enfants. À cause du froid, nous les accueillons d'abord dans notre maison. Ils sont jusqu'à trente à faire de la peinture, des jeux et un peu de catéchisme dans notre salon !

Pendant ce temps, avec les adolescentes et les mamans, nous démarrons un cours de couture et un atelier de perles. Chacune peut partager les soucis de sa vie en étant écoutée et conseillée. C'est aussi, pour beaucoup, le seul moment de la semaine où elles peuvent prier.

Pour les adolescents du quartier, nous lançons une équipe de foot. Certains garçons ne vont plus à l'école. À 16 ans à peine, ils se trouvent confrontés à la rue, à la drogue et à ce qu'ils appellent las pandillas (gangs latinos). Nous voulons aller vers eux avec l'espérance qu'ils puissent choisir un autre chemin, celui de « la civilisation de l'amour » annoncée par Jean-Paul II !

2

Naissance d'une mission

Mai à août 2007

L'heure de Théophane

Nous habitons toujours le mobile home n° 4. Notre *trailer* a changé de couleur et des fleurs ont poussé. La température, elle aussi, a changé. Notre maison étant construite essentiellement en tôle, la chaleur devient insupportable dès le matin. À cette difficulté s'ajoute la multiplication des cafards, des moustiques et des araignées. C'est dans ces conditions que notre quartier supporte tant bien que mal les mois d'été à Gainesville.

– Même à Mexico, on n'a pas aussi chaud que ça ! se plaint Veronica, l'une de nos voisines.

*

La naissance de notre premier enfant est prévue pour le 4 juin, mais, dans la nuit du 21 mai, Rena commence à avoir des contractions. Après avoir pris un bain, elle va s'allonger. Nous ne savons pas si c'est le moment d'aller à l'hôpital. Au même instant, quelqu'un frappe à la porte. Ce sont deux petites filles, Carla et Johanna.
– On peut venir jouer chez vous ?
Romain leur explique que ce n'est pas possible, qu'il est trop tard et que Rena ne se sent pas très bien. Ne pouvant pas tenir leur langue très longtemps, Carla et Johanna alertent le quartier et, quelques minutes plus tard, nous avons la surprise de voir débarquer chez nous tous nos voisins, préoccupés par l'état de santé de Rena, chacun d'eux donnant son avis et sa recette d'infusion et nous poussant à partir maintenant pour l'hôpital.
Il est déjà 23 heures quand Maria, une amie de la paroisse, nous appelle pour prendre tout simplement des nouvelles :
– J'étais en prière, nous confie Maria et, juste à ce moment-là, j'ai perçu qu'il fallait que je vous appelle. Comment va le bébé ?
Alors que Rena lui parle des contractions, elle insiste :
– Va maintenant à l'hôpital !
Nous n'avons plus de doute sur la décision à prendre et obéissons. En ce mois de mai, où nous sentons Marie si proche, nous entendons pour la première fois les cris et pleurs de Théophane. Nous pleurons de reconnaissance devant l'immense beauté et pureté de Dieu, reflétée à travers ce petit être humain à peine né. Nous pleurons de nous sentir si

petits devant la grande mission d'être père et mère, selon le cœur de Dieu.

Les visites sont nombreuses durant la journée, et même la nuit ! Nous sommes profondément touchés de voir tant de voisins, de jeunes, d'amis de la paroisse venir chacun avec tendresse et une attention spéciale pour nous.

À notre retour dans le quartier, la joie est grande ! Les enfants courent derrière la voiture pour voir le bébé et, en une minute, la maison est pleine ! Tous veulent savoir à qui il ressemble. Les mamans du quartier se sont chargées de la cuisine, chacune avec sa recette particulière pour la montée de lait. Nombreux aussi sont ceux qui, à cause de la chaleur, nous ont apporté des ventilateurs, et même un climatiseur ! Nous avons aussi des propositions pour aller passer un temps de repos loin d'ici (ce que nous refusons). La générosité des gens semble ne devoir jamais s'arrêter !

Don José, un vieil homme à qui nous servons du café le matin, n'a pas réussi à travailler depuis deux semaines. Il vient nous voir quelques jours après la naissance de Théophane et nous donne dix dollars :

– Tenez, c'est pour acheter des chaussures à votre petit Théophane quand il sera plus grand !

À travers tous ces exemples de la providence, nous comprenons mieux cette phrase de Jésus : « Quiconque aura laissé maison, frères, sœurs, père, mère, enfants et champ à cause de mon nom recevra bien davantage » (Mt 19:29). Nous rendons grâce au Seigneur pour tant de délicatesse et de tendresse envers notre petite famille missionnaire.

Avec l'arrivée de Théophane, nous devons adapter notre rythme. Nous découvrons qu'il fait pleinement partie de notre mission à Gainesville. Au café du matin, il est celui qui apporte la paix et la délicatesse, simplement par sa présence. Il est aussi celui qui ouvre le cœur de ces hommes, qui ont pour la plupart laissé derrière eux leur femme et leurs enfants.

Nous voyons aussi combien les personnes sont touchées d'être visitées par un couple avec son bébé. Les portes s'ouvrent plus facilement, et les cœurs aussi ! Nous sommes nous-mêmes évangélisés par ce petit bébé qui reflète si bien la présence de Dieu : petit, humble et accessible, qui va à la rencontre de chaque homme pour annoncer la bonne nouvelle. Dieu sait si ce quartier en a besoin !

La pauvreté à notre porte

Little Mexico est réputé pour la drogue qui y est vendue, notamment le crack, la drogue des pauvres. Fait à base de produits bon marché, mais très nocifs, le crack se vend par petits cailloux, ou rocks. Une simple canette de bière vide peut faire office de pipe. C'est ainsi qu'en retrouvant un matin ces « pipes à crack » improvisées sur le seuil de notre maison, nous mesurons à quel point la drogue dure est présente, tout près de chez nous. Le crack peut, en quelques mois, faire des dégâts très visibles.

Ainsi, nous voyons le visage de notre voisin Marco s'éteindre, semaine après semaine. Ayant finalement quitté le quartier, nous ne le croisons que très rarement, l'air de plus en plus perdu. Notre cœur se serre. Nous n'avons pas d'autres armes que la prière et notre regard fraternel.

La consommation de drogue dans un quartier pauvre va souvent de pair avec son trafic. Le lieu d'attente des journaliers est idéal pour cela. Quand certains disparaissent brutalement, nous devinons qu'ils ont dû se faire prendre par la police pour vente de drogue. Avelino, un des travailleurs, nous raconte avec beaucoup d'humour comment José, un de nos amis, s'est fait embarquer pour avoir voulu vendre de la drogue à des policiers en civil ! Mais si l'histoire de José nous fait sourire, ce commerce entraîne une vraie spirale de violence : dettes, bagarres, usage d'armes.

Autre fléau : celui de la prostitution. Certains des mobile homes sont habités par des hommes qui passent des années loin de leur femme. Un matin, lors de la distribution du café, nous voyons passer parmi les travailleurs un Noir américain suivi d'une femme latino. Au retour, grande est, dans notre cœur, la blessure de découvrir ce que cache ce duo latino-américain. Le gars est sur le bord du chemin, la femme à l'intérieur des bois, et un groupe d'hommes attend son tour. À neuf heures du matin, nous faisons face au drame de la prostitution qui s'invite à nos portes.

John et Anita

Nous avons de nouveaux voisins : John, Anita et leurs deux enfants, Ricky et Cathelyn. Les parents ont décidé au mois de mai de quitter l'État d'Indiana pour venir en Géorgie. Ils ont tout mis dans leur voiture et sont partis « sur la route ». Avant d'arriver à destination, la voiture est tombée en panne. Faute de moyens, ils ont abandonné le véhicule, pris ce qu'ils pouvaient emporter et ont continué à pied. Ils se sont retrouvés à Gainesville, sans un sou. Faisant appel à un organisme de charité, ils ont obtenu un mois de loyer pour une solution dite transitoire : un mobile home, juste à côté du nôtre.

Nous découvrons la détresse d'un papa incapable de trouver du travail et d'une maman affolée, frappant aux portes des voisins, des églises, des organismes de charité, pour recevoir de la nourriture, des vêtements et un peu d'argent. Enfin, deux adolescents perdus regardant la télévision toute la journée. Quelle déconnexion de la réalité ! C'est peut-être cela, le visage le plus déconcertant de la pauvreté américaine. Au bout d'une dizaine de jours d'absence, le loyer et l'électricité n'ayant pas été payés, nous entrons avec Bo Carter, le propriétaire, dans le mobile home de John et Anita. Le spectacle est triste : de la nourriture un peu partout, le Frigidaire rempli de viandes moisies, et une odeur terrible dans toute la maison. Bo Carter est hors de lui :

– Les Blancs, c'est les pires ! Quand ils sont arrivés, je savais que ça se terminerait comme ça ! C'est des porcs ! Les Blancs, c'est vraiment les pires ! Ils vivent selon ce système-là, ils ont dû partir un peu plus loin pour faire le même manège !

Peut-être a-t-il raison, peut-être a-t-il tort. Mais nous sommes à peu près sûrs que la famille de John et Anita est encore aujourd'hui dans la même détresse. Le matérialisme américain a du mal à répondre à ce type de pauvreté...

La famille de doña Maria

Doña Maria est cette femme d'un certain âge qui nous a raconté la traversée de la frontière de sa fille Lilia. La paroisse nous ayant signalé cette famille pauvre, nous allons leur rendre visite : la maison est très exiguë pour les onze personnes qui y vivent. La rencontre de Roman, le plus jeune fils, nous marque particulièrement.

Doña Maria nous raconte :
– Mon fils a eu jusqu'à aujourd'hui une vie difficile. Quand il avait 5 ans, un de ses oncles, complètement ivre, l'a renversé avec sa camionnette. Roman a eu les jambes et le crâne fracturés et son petit visage était tout défiguré. La douleur de mon cœur de maman était immense. Quand on l'a transporté à l'hôpital, je ne pouvais m'arrêter de pleurer en pensant qu'il allait mourir. Je suis allée à la chapelle pour prier, et la Vierge de Guadalupe a gravé dans mon cœur cette phrase : « Ne t'inquiète pas, tout ira bien. »

Roman a survécu à l'accident. Il a subi, depuis, neuf opérations. Aujourd'hui, ses jambes vont bien, mais il garde toujours un problème à l'œil gauche. Beaucoup de spécialistes l'ont vu à Mexico, mais aucun n'a pu le guérir. Il souffre jour et nuit. Il a de la fièvre, des maux de tête en permanence et ne peut pas se concentrer. Alors, pour attendre que la douleur passe, il s'allonge. Il n'a jamais pu aller à l'école, et sa seule occupation est de jouer de la guitare. Il a le visage fermé de ceux qui souffrent trop.

Nous lui expliquons que nous ne connaissons pas de spécialiste et que nous n'avons pas d'argent pour payer une telle opération, mais nous invitons Roman à venir chez nous pour des cours de guitare.

Pendant trois mois, Roman vient deux fois par semaine à la maison, avec son instrument. Petit à petit son visage s'éclaire. Il s'ouvre à nous, et une amitié profonde nous unit. Nous remuons ciel et terre pour trouver un spécialiste. Un chirurgien célèbre d'Atlanta décide de nous recevoir et nous offre la première consultation. La famille continue à prier humblement. Le fameux chirurgien nous contacte et accepte d'opérer Roman à moindres frais.

En attendant l'intervention, Roman décide, pour remercier la Vierge et « ses amis missionnaires », de peindre la Vierge de Guadalupe sur notre porte. Ce travail lui demande beaucoup d'efforts. Son œil gauche le fait terriblement souffrir et les maux de tête sont difficilement supportables. À mesure que les semaines passent, nous sommes admiratifs de voir la Vierge apparaître sur notre porte.

Le grand jour approche, mais le portefeuille de la famille de Roman est toujours aussi vide. Comment payer l'opération ? Sa maman cuisine la nuit de la nourriture mexicaine et la vend le jour. Ses frères travaillent de plus en plus dur. La veille, l'argent est là ! Roman est opéré et tout se passe bien. Quelques jours plus tard, il revient à la maison :

– Cela faisait quatorze ans que je ne m'étais pas senti bien. Je découvre ce que c'est que de pouvoir vivre normalement !

Roman achève son œuvre par la couronne de Marie, sa douce mère, qui l'a conduit depuis son accident jusqu'à ce jour. Durant tous ces mois aux côtés de Roman, nous avons partagé les douleurs et les angoisses de cette famille. Un de ses frères est parti en prison quelques semaines avant l'opération alors qu'un autre est recherché par la police. Quel honneur, pour nous, d'être devenus leurs amis !

Aujourd'hui, Roman va bien et il travaille beaucoup, pour son plus grand bonheur. Tout l'argent qu'il gagne lui sert à aider ses frères à son tour !

Et notre famille ?

Comme toutes les activités se déroulent dans notre maison, nous devons trouver un équilibre entre notre vie de famille, notre intimité de couple et la mission, ce qui n'est pas simple !

Nous avons conscience de l'importance de nous protéger, mais il est difficile de fermer notre porte à tant d'appels au secours ! La venue de Théophane a compliqué la donne : demander du silence n'est pas évident pour des enfants qui sont habitués à crier et à parler fort toute la journée !

Nous prions pour trouver un bâtiment près du quartier capable d'accueillir tous nos voisins. Richard Borgman, notre partenaire, porte la lourde charge de la recherche de fonds. Il frappe à toutes les portes possibles. Nous nous étions donné une date limite : la naissance de Théophane.

À proximité de chez nous, Richard découvre un grand édifice inoccupé, une imprimerie désaffectée. Elle est en vente au prix de trois cent mille dollars ! Le miracle se produit d'une façon surprenante. Avec l'audace de ceux qui ont pleinement confiance en la providence, Richard propose au propriétaire de nous louer le bâtiment pour mille cinq cents dollars par mois. La réponse est positive ! L'inauguration du Centre Jean-Paul II est programmée pour la mi-septembre.

L'épreuve de la fidélité

Le Café de la Miséricorde traverse quelques péripéties. Soupçonnés de vendre et tirer profit de notre café, nous sommes chassés plusieurs fois par la police. Il est difficile d'imaginer qu'un Blanc et sa femme puissent venir donner gratuitement du café. Nous sommes même menacés de prison par les shérifs. Des magasins se plaignent de ce que nous attirons trop d'alcooliques et de trafiquants (gloire à Dieu, nous servons le café aux bonnes personnes !). Mais comment arrêter la miséricorde ?

Désormais, nous ne venons plus avec l'ancien Carrito de la Misericordia (camping-car de Richard Borgman), mais simplement avec une petite roulotte rouge, The Mercy Wagon, un portrait de la Vierge de Guadalupe et un tabouret. Cela nous rend plus pauvres, plus humbles, et donc plus accessibles.

Cela fait bientôt six mois que nous nous levons tôt le matin pour aller à la rencontre de ces hommes. Quel que soit le temps, nous apprenons à vivre pour eux la même fidélité que Dieu a pour chacun de nous. Cela les touche particulièrement, surtout ces derniers mois, qui ont été plus éprouvants pour les travailleurs. En effet, une réforme sur les lois d'immigration rend la situation de plus en plus difficile pour les illégaux et menace ceux qui viennent les employer. Ainsi, les jours sans travail passent et les tentations sont grandes.

En fin de semaine, alors qu'il faut payer le loyer et que, souvent, le portefeuille est vide, une voiture se gare sur le parking et attend. Elle peut rester une heure jusqu'à ce que quelqu'un monte et aille « travailler ». Nous finissons par comprendre que le chauffeur de cette voiture est homosexuel et offre jusqu'à deux cent cinquante dollars par passe.

Notre fidélité est aussi le moyen d'établir un réel lien d'amitié et de confiance avec tous ces hommes. Le café nous permet de nous asseoir avec eux et de les écouter. Nous nous sommes liés d'amitié avec Juan Carlos, qui vient assez régulièrement à la maison. Un jour, il s'assoit chez nous, fixe le tableau de la Vierge de Guadalupe et nous raconte les larmes aux yeux :

– Je suis arrivé il y a trois ans du Guatemala. La vie ici, pour moi, n'a jamais été facile, surtout quand on a des fragilités. Les tentations sont nombreuses, et le pire est que je me sens seul. J'ai laissé ma femme et mon fils là-bas. Mon petit va avoir quatre ans. C'est bientôt la fête des Mères, et c'est ça qui me fait le plus mal. C'est difficile à dire, mais à vous je peux en parler. Quand j'étais enfant, ma mère se prostituait pour qu'on puisse vivre. Elle m'emmenait avec elle parce que personne ne pouvait me garder. Pour faciliter son boulot, elle buvait tous les jours. Elle dépensait en fait tout l'argent qu'elle gagnait. J'ai tout vu. J'étais là tout le temps et, comme elle ne pouvait pas supporter ma présence, elle m'insultait et me tapait dessus. Et puis, un jour où elle n'en pouvait plus, sans rien me dire, elle s'est tuée. J'ai grandi chez ma grand-mère qui m'a toujours méprisé, du même mépris qu'elle avait pour ma mère. J'en souffre toujours, j'ai du mal à pardonner à ma mère.

Juan Carlos continue à venir chez nous. Aujourd'hui, il a fait un chemin de conversion magnifique. Il s'est investi dans un groupe de jeunes à la paroisse et vient à la messe tous les dimanches. Il a trouvé un travail fixe et bien payé. Il espère repartir le plus vite possible au Guatemala pour se marier à l'église avec sa femme et faire baptiser son fils.

Les personnes viennent à nous avec des fardeaux parfois très lourds à porter. Hosman, un jeune d'une vingtaine d'années, est sorti de prison la veille. C'est la première fois que nous le voyons. Il est venu parce que ses compagnons lui ont parlé des « missionnaires de l'Église ».

– Je suis sorti de prison hier. J'y ai passé du temps pour les mauvaises choses que j'ai faites. Je veux revenir vers Dieu, me rapprocher de l'Église. Tu peux prier pour moi ?

Ou encore Cuba :

– Vous pouvez faire une prière pour moi ? Mon père est mort hier soir. Son enterrement est aujourd'hui et moi je suis ici !

Et voilà qu'un petit cercle se forme et que nous prions pour le papa de Cuba, en communion avec ceux qui assistent à l'inhumation, à Mexico. Nous faisons de même pour Hosman et les autres.

L'heure du café est aussi, pour certains, l'unique moment de détente, de fraternité et de respect de leur journée. Quant à nous, chaque matin ravive la flamme du feu missionnaire, la soif d'aimer ! Vivre jour après jour la galère de l'attente avec eux pourrait être fastidieux, mais la compassion pour chacun est toujours nouvelle. C'est aussi l'espérance qui nous fait tenir dans la durée. Espérance qu'aujourd'hui ils trouveront du travail, gagneront leur combat contre la tentation de la drogue et de l'alcool, et qu'à travers le café ils trouveront toujours le Christ.

Barnabé est un des fruits de cette espérance qui ne déçoit pas, comme le disait Jean-Paul II aux jeunes. Il a 30 ans et vient d'une famille de huit enfants.

– Tous mes frères et sœurs ont fait n'importe quoi de leur vie. Imagine, j'ai même une sœur qui se prostitue !

Après avoir laissé tomber sa femme et ses deux enfants, Barnabé plonge dans l'alcool puis le crack. En quelques années, sa vie vole en éclats ! N'ayant plus rien à perdre, il tente de passer la frontière et, miracle... il passe !

Arrivé à Gainesville, il entre dans le café et nous faisons sa connaissance. La confiance s'installe. Barnabé goûte à la charité de l'Église, mais cela ne lui suffit pas. Finalement, il nous demande de recevoir le baptême et de faire sa première communion !

– Si Dieu le veut, je retrouverai ma femme et on se mariera à l'église ! nous promet-il.

La solitude des prisonniers

Beaucoup d'habitués du Café de la Miséricorde passent par la prison. Ils y restent un ou deux mois, parfois plus. Cependant, ils ne reçoivent presque pas de visites, soit parce qu'ils sont seuls aux États-Unis, soit parce qu'aucune de leurs connaissances n'y a accès, faute d'avoir des papiers en règle. Pour réduire la solitude et le désespoir de ces prisonniers, nous allons les voir le jeudi. Mais nous aimerions démarrer une vraie pastorale carcérale pour donner à voir le Christ de plus près à ces hommes à qui il manque peu pour revenir vers une vie nouvelle, une vie de foi.

Au café du matin, plusieurs hommes nous ont ainsi raconté leur conversion en prison. Du simple alcoolique, comme Oscar, jusqu'au pire des bandits, comme Gilberto. Gilberto est passé par neuf prisons de haute sécurité, jusqu'à ce que Papa Dios prenne possession de son cœur, qu'il reconnaisse ses fautes et qu'il tombe littéralement amoureux de la Vierge Marie. Il est l'un de ceux qui, le matin, enlèvent leur casquette et font le signe de la croix devant l'image de Notre-Dame de Guadalupe clouée au mur.

Hermès, un des journaliers que nous connaissons, s'est laissé entraîner dans une bagarre un samedi soir. Ayant bu, tout comme son rival, la rixe dégénère. Il reçoit quatre coups de couteau : deux au bras, un à la main et le dernier à la gorge. Emmené aux urgences, il survit, mais se retrouve incarcéré. Comme tous les jeudis après-midi, nous sommes en visite à la prison. Hermès a eu le temps de réfléchir. Il veut changer de vie. Il comprend que si, cette fois, il a survécu, la prochaine lui sera peut-être fatale. Hermès a 26 ans. Je lui demande s'il a pardonné à son agresseur :

– Je n'ai pas porté plainte contre lui. Moi, je lui ai pardonné. Maintenant, ce n'est pas moi qui juge, c'est Dieu ! Qu'Il lui pardonne.

Ce jour-là, je lis à Hermès l'évangile du jour :

– « Pierre demanda : Maître, irai-je jusqu'à pardonner sept fois ?

– En vérité, je te le dis : non pas sept fois, mais soixante-dix-sept fois sept fois » (Mt 18:21).

Hermès est profondément touché. Dans l'attente de son extradition, il est aujourd'hui notre intermédiaire avec tous ceux qui sont à l'intérieur et que nous ne pouvons pas visiter, faute de connaître les noms et prénoms des prisonniers. La plupart, sans papiers, entrent sous une fausse identité, ce qui nous complique la tâche. Pour ses frères d'infortune, Hermès devient un vrai missionnaire !

Nous nous rendons compte aussi à quel point le « peu » peut représenter « beaucoup » quand on se retrouve derrière les barreaux. Nous nous chargeons du « peu » : téléphoner aux familles des détenus, acheter des lunettes de lecture, trouver des bibles et, surtout, accompagner avec le sourire, redonner espoir et prier.

Depuis que la prison a été transférée vers un nouveau bâtiment tout neuf, mais aussi plus strict pour les visites, nous devons marquer une pause. Ce temps nous permet d'avancer plus concrètement dans la pastorale carcérale. Le curé de la paroisse a fait une demande écrite pour que nous puissions rencontrer plus librement les prisonniers. Cela nous permettrait d'avoir la messe une fois par mois et de les visiter dans leur cellule. Que notre prière se fasse plus persévérante pour que nous puissions apporter aux captifs la délivrance de la miséricorde de Dieu !

« Donne-nous aujourd'hui le pain de ce jour ! »

La « mission du Pain » démarre grâce à l'Atlanta Bread Company, une boulangerie-café de Gainesville. Grâce à un ami de Richard Borgman, un accord a été passé avec cet établissement. Tous les jeudis soir, nous recevons leurs pains et leurs pâtisseries invendus. Le directeur d'un supermarché nous donne aussi de jolis sacs en papier cartonné.

Avec ces produits offerts, nous préparons tous les vendredis une quinzaine de pochettes en récitant le chapelet pour les personnes auxquelles nous allons les distribuer. Nous glissons en prime des autocollants qui rappellent le programme de la mission, les jours et heures des messes à la paroisse et des images de la Divine Miséricorde.

À partir d'un plan large du quartier, chaque vendredi après-midi, nous parcourons une rue différente, maison après maison. Ce jour est un moment fantastique de rencontre et d'évangélisation. Les personnes sont particulièrement touchées de voir une famille missionnaire frapper à leur porte. Théophane, par sa fragilité, sa pauvreté et son sourire, est particulièrement doué pour faciliter l'ouverture des maisons.

Nous sommes à chaque fois frappés de voir que le Seigneur nous guide vers ceux qui ont le plus besoin de son amour. Comme si le vendredi, jour de sa Passion, était son jour de prédilection pour dire aux hommes combien Il les aime.

Quelle surprise lorsqu'une famille originaire du Guatemala nous ouvre la porte : la maison est entièrement vide ! Les six personnes ont voyagé toute la nuit pour arriver à Gainesville. Ils vivaient en Floride, mais, comme la situation était devenue trop difficile, ils ont pris la décision de prendre la route pour Gainesville. N'ayant pu emporter que leurs habits, ils n'ont rien. En plus du pain qui arrive à point pour cette famille, nous leur apportons, le même jour, deux matelas !

Chez Olga, Miguel et leurs trois enfants, nous sentons que la famille demande plus que du pain. Elle exprime une vraie faim spirituelle. Deux des enfants vont désormais au catéchisme, et toute la famille est réunie pour le rosaire du quartier chaque dimanche !

Bien plus que des cours d'anglais !

Les élèves du cours d'anglais ont totalement changé depuis le commencement du projet. Pendant trois mois, deux soirs par semaine, nous avons accueilli quinze personnes : des mamans, des enfants, des papas du quartier et des travailleurs. Les cours d'anglais sont devenus ainsi plus familiaux. Nous fêtons, par exemple, les anniversaires.

Chaque cours démarre et finit par une prière. Celle d'ouverture, dans la joie de se retrouver ensemble, et celle de clôture, pour partager les intentions du quartier. Au mois de juillet, nous terminons le premier cycle par la remise des diplômes et un temps d'action de grâce. Cela nous permet de toucher du doigt l'impact des cours d'anglais. Erika, une mère de famille du quartier, remercie :

– Merci pour ce cours d'anglais, merci pour la patience de Romain et Rena, merci pour les nouveaux compagnons de classe. Je te remercie, Seigneur, car, dans ma dépression, je te demandais de l'aide, et aujourd'hui, grâce aux cours d'anglais, quand je sors de chez moi je vais mieux.

David, quant à lui, a arrêté de boire ou, du moins, diminué sa consommation. Les cours d'anglais ayant lieu le soir, il sait que nous l'attendons et qu'il est important pour la classe qu'il soit présent et sobre.

Nous continuons à prier pour qu'à travers ces simples cours d'anglais beaucoup puissent être reconstruits dans leur dignité. Nous continuons à croire que, peu importe la mission mise en place, l'important est l'amour et la miséricorde qui passent à travers celle-ci.

Plus belle la vie !

Pour les ateliers du samedi après-midi, les mamans et les jeunes ne venant plus, nous décidons de nous rendre simplement disponibles pour eux. Nous passons les voir, partageons des moments importants comme un anniversaire, un baptême, un baby shower (petite fête où la maman reçoit le nécessaire pour accueillir son futur bébé).

Cela nous rapproche des familles du quartier et nous permet de rencontrer aussi les maris de ces femmes... Lors d'un après-midi de jeux avec les enfants, nous décidons de construire des nichoirs pour abriter les oiseaux qui survolent notre quartier. Nous avons les planches de bois nécessaires, mais il manque encore les outils pour les assembler ! Nous frappons aux portes de ces hommes, qui gardent chez eux leurs outils de travail de la semaine. Antonio, Umberto, Fernando et Isaac, chacun arrive avec ses outils et toute la disponibilité nécessaire pour aider les enfants à monter leurs petites maisons ! Quel moment du ciel nous partageons tous ensemble !

Un autre moment marquant est la construction d'une table et de bancs, réalisée avec le concours des papas. Nous les peignons ensuite avec les adolescents, activité qui s'achève en un festival de projections de peinture. À voir !

Nous sentons aussi qu'il est important de cultiver le respect et la beauté de notre quartier. Comme le disaient les franciscains du Bronx :

– Si tu commences à planter des fleurs devant ta maison, ton voisin voudra faire de même et le visage de ton quartier se transformera !

Nous voulons démarrer par la création d'un petit jardin devant notre maison, avec les enfants. Nous faisons appel à un groupe de jeunes de la paroisse pour le matériel et commençons les plantations : tournesols, tomates, ananas, piments, et même des pastèques...

Le résultat est surprenant ! Peu de temps après, nous voyons nos voisins commencer à faire des jardins, devant ou derrière leur maison... Quant aux enfants, nous sommes impressionnés de voir l'attention et le soin qu'ils apportent aux plantes. Presque chaque jour, l'un d'eux vient nous demander l'autorisation d'arroser les fleurs. Aujourd'hui, nous avons récolté les tomates et nous avons déjà mangé deux pastèques ! Quant aux tournesols, ils ont déjà dépassé le toit de notre maison !

Quelle grâce de voir deux mondes vivre une vraie complicité autour de projets tout simples : le monde des enfants qui craint le regard des adultes et le monde des adultes qui n'a pas de temps à perdre avec les enfants...

Le catéchisme satellite

Après plusieurs demandes de mamans voulant que leur enfant fasse leur première communion, nous voyons là un appel de Dieu. À cause de la distance qui sépare notre quartier de la paroisse, beaucoup de mères ne peuvent pas amener leurs enfants au catéchisme. Et pourquoi ne le ferions-nous pas dans notre propre maison ?

Nous rencontrons le père Fabio, curé de notre paroisse, qui nous donne sa permission sans hésiter ! Sans plus tarder, nous nous munissons du matériel paroissial et commençons à accueillir les enfants chez nous le dimanche matin. Nous sommes très surpris, lors des premières rencontres, de voir que la plupart ne savent même pas faire leur signe de croix. Il n'est pas non plus facile de les tenir assis une heure et demie, mais, même avec ces exigences, ils sont devant notre porte un quart d'heure à l'avance, chaque dimanche matin !

L'initiative séduit tellement la paroisse que le père Fabio lance un « catéchisme satellite » dans Gainesville ! Dans chaque quartier, une personne de la paroisse se charge d'ouvrir sa maison au catéchisme. La première année de catéchèse se déroule dans le quartier des enfants. La seconde, à la paroisse, se conclut par le sacrement. Pour conduire tous les enfants de seconde année, la paroisse recherche un bus scolaire. Le curé a déjà nommé le chauffeur : ce sera Roman, le jeune qui a pu revivre à la suite de l'opération et qui a peint la Vierge de Guadalupe sur notre porte !

Le rosaire du quartier

Nous avons proposé aux mamans du quartier de prier le chapelet dans les familles. Devant leur enthousiasme, nous proposons que la statue de Marie de Guadalupe s'invite dans les familles une fois par semaine. Notre-Dame de Guadalupe a converti plus de dix millions de personnes en moins de deux ans, lors de son apparition à Mexico ! Nous pensons qu'une semaine chez une famille peut suffire pour que Marie convertisse les cœurs et donne ainsi sa paix à notre quartier !

Grâce à des parrains français, nous recevons le tableau de la Vierge de Guadalupe tant attendu... Il arrive le 1er mai, jour de la Saint-Joseph, comme un cadeau fait à Marie par son époux. La Sainte Famille semble encourager le projet de cette prière itinérante dans les foyers !

La première rencontre a lieu dans notre salon, avec plus de vingt personnes ! Passé les explications préalables, nous commençons la prière du chapelet en laissant un silence entre deux mystères pour que chacun puisse exprimer son intention.

– Ô Mère bien-aimée qui, depuis le premier jour, as gravé dans ton cœur le nom de chaque personne de ce chapelet, tu n'as pas voulu passer chez chacun de tes enfants selon un ordre aléatoire, mais bien au moment des difficultés et des douleurs !

La semaine suivante, nous nous dirigions en procession vers la maison de Veronica, qui vient de perdre l'un de ses neveux de manière tragique. Quel réconfort, pour cette famille, de voir Marie s'inviter chez eux, de savoir qu'ils ne sont pas seuls dans ce moment si triste et douloureux, mais qu'ils sont portés par la prière de leurs amis et de leurs voisins !

*

Pour Margarita, la Vierge arrive aussi un jour de souffrance. Au même moment, son fils passe devant un tribunal de Californie. Nous prions pour lui avec son mari et ses autres enfants. Nous repartons chez nous avec cette intention de prière. Le verdict sera donné dans la soirée...

Après le dîner, Margarita accourt chez nous : son fils est condamné à cinq ans de prison. Profondément affligée de savoir son fils emprisonné, elle porte la souffrance de ne pas pouvoir le visiter ni le consoler.

Quelques jours plus tard, Margarita témoigne :

– J'étais vraiment désespérée de voir la situation de mon fils. La seule chose que je pouvais faire était de pleurer et de me lamenter. J'avais perdu le goût de la vie ! Je rends grâce à Dieu d'avoir accueilli Marie chez moi juste au moment où j'en avais le plus besoin. Elle m'a donné la force et le courage de soutenir mon fils. Je sais que cette épreuve est un tremplin vers quelque chose de plus grand. Maintenant, je n'ai plus qu'à prier pour qu'un miracle arrive. J'avais demandé une seule chose à la Vierge le premier jour où elle est arrivée chez moi : qu'elle me donne la paix. Elle me l'a accordée le dernier jour de sa présence chez moi !

*

Dana est enceinte quand nous lui proposons de recevoir la Vierge :

– Tu verras. Quand la Vierge viendra chez toi, ton fils sera déjà né ! lui lance Romain.

Le dimanche où la Vierge doit aller chez Dana, son mari nous ouvre la porte et nous accueille.

— Nous sommes rentrés de l'hôpital il y a deux heures, mais rentrez, on va rendre grâce à Dieu !

Nous avons appris par la suite que leur bébé était né avec un problème aux poumons. Cette famille, sans même hésiter, a néanmoins reçu la Vierge et toute la multitude qui l'accompagnait !

Ainsi, semaine après semaine, quelle que soit la météo, tout le monde est là ! Nous avons désormais dépassé les limites de notre quartier. La Vierge continue de passer dans les maisons, laissant dans chaque famille les bénédictions de son cœur de maman !

3

L'adoption du centre Jean-Paul II

Septembre à décembre 2007

Enfin, nous avons la grande joie de commencer à travailler dans le nouveau bâtiment Jean-Paul II ! C'est un soulagement de trouver un espace adapté pour les différentes activités, mais nous sommes surtout ravis de voir les enfants, les jeunes et leurs parents s'approprier le Centre. L'ensemble des projets prend une ampleur nouvelle et d'autres peuvent voir le jour...

Préparatifs de la première messe au Centre Jean-Paul II

La préparation de la première messe est un temps fort en soi. Elle n'est pas seulement attendue par une poignée de missionnaires fous, mais par l'ensemble du quartier. Nous voudrions recevoir les habitants en organisant un repas digne de l'événement, mais comment ? Quel étonnement de voir les femmes apporter chacune leur contribution ! Le matin de la fête, notre cuisine se remplit peu à peu de nos voisines, et cette petite équipe parvient à cuisiner en une matinée de quoi manger pour deux cents personnes !

L'une des plus heureuses conséquences de notre présence dans le quartier est la construction de l'autel avec Isaac et son fils. Durant une semaine, ils consacrent toutes leurs soirées au choix du bois, au découpage des planches et au ponçage de l'autel afin qu'il soit prêt pour la messe.

La procession du Christ Roi

Ce dimanche, il pleut beaucoup et, malgré tous les préparatifs, nous ne savons absolument pas si les gens vont venir ou pas. À notre surprise, plus de deux cents personnes sont présentes. Avec elles, nous sortons en procession à travers les caravanes, en chantant le nom de Christ Roi et en rendant gloire au Christ ressuscité.

Les huit torches qui accompagnent la statue du Christ illuminent le passage et permettent de voir de loin la procession. Une petite équipe, fidèle au système brésilien, va de maison en maison avec une petite roulotte équipée d'un haut-parleur et d'un micro. Ainsi, à l'aide d'une rallonge, chaque maison fournit l'électricité pour que la voix du prêtre et les chants soient amplifiés. À chaque étape, le père Fabio prie aux intentions du quartier, de ses habitants et, juste après, tous les participants accompagnent l'oraison du chapelet. Quelle bénédiction, pour les habitants, de voir le prêtre de l'unique paroisse catholique de

Gainesville venir jusque chez eux, prier pour eux... sous la pluie !

Beaucoup de grâces sont répandues ce jour-là. Beaucoup de lumières illuminent l'obscurité de nos rues ! Beaucoup de cœurs sont attirés par la force et la beauté du Christ, roi de l'Univers. Encore une fois, malgré la pluie, Jésus, qui ne ménage pas sa peine en termes de générosité, va bien au-delà de nos attentes et fait resplendir sa royauté.

La messe du Christ Roi

Au retour de la procession, la fête continue avec la messe inaugurale célébrée au Centre Jean-Paul II. Les premières personnes arrivées sont les hommes de la bouteille de la Miséricorde et ceux du café du matin. La chapelle du Centre est comble et la majorité des gens doivent rester debout.

Nous sommes bouleversés de retrouver toutes ces personnes, rencontrées dans des contextes différents, à travers le pain, le café, l'anglais, la bouteille de la Miséricorde ou le catéchisme...

Le père Fabio réserve une surprise. Alors que le Centre est plein à craquer, il prépare l'ostensoir afin que Jésus-hostie circule au milieu de son peuple. Le prêtre se fraie un chemin parmi les petits. Jésus se retrouve face à face avec les enfants du catéchisme, les différentes familles du coin, les gars du café ! Victor et Sergio, deux trafiquants de la Cité perdue, hésitent à se mettre à genoux. Finalement, les voilà à terre devant Jésus qui passe dans l'ostensoir ! Cette procession est pour nous l'aboutissement de tous les projets menés auparavant. Chacun est une réponse à un besoin réel et urgent, mais aussi un chemin vers une rencontre avec le Christ.

À la fin de la célébration, quand Romain remercie Isaac devant tout le monde pour son travail, ce dernier fond en larmes. Revenir à l'église en construisant un autel, quel chemin de conversion !

En repartant chez nous, nous avons la merveilleuse impression de pouvoir mourir en paix... l'impression d'avoir goûté au Ciel, ici-bas sur la Terre !

L'histoire de la statue

Nous avons cherché en vain, durant un an, une statue de la Vierge de Guadalupe. À une semaine de la fête la plus importante du Mexique, la fête de Notre-Dame de Guadalupe, nous supplions Jésus de nous accorder cette faveur !

C'est au café du matin, en invitant les uns et les autres à la messe de la Vierge, que Willy, un vieux Cubain, attrape Romain :

– Eh, tu sais que j'ai passé la semaine à voyager dans un camion rempli de statues de la Vierge ! Mon patron en a plein !

Cinq minutes plus tard, Romain est dans sa voiture pour aller rencontrer le fameux patron. Après une attente interminable devant l'entrepôt arrive un petit Mexicain :

– Buenos días, je m'appelle Santos. Tu veux voir la Vierge ?

Il déballe une statue grande comme lui en disant :

– Je la vends six cents dollars.

Le rêve semble s'arrêter là. Romain lui explique notre mission, notre famille. Il lui parle des gens

du quartier en lui disant qu'il va essayer de réunir la somme nécessaire ! Santos passe un coup de téléphone, demande à sa femme le nom de l'église catholique de Gainesville pour s'assurer de la réalité de la mission et dit :
– Ça fait longtemps que je voulais faire un don à l'Église... Je crois que cette Vierge est pour toi !

Nous prions ensemble devant la Vierge pour rendre grâce et, un quart d'heure plus tard, la statue de Marie de Guadalupe trône au milieu de la chapelle du Centre. Les habitants la reçoivent vraiment comme la Vierge du quartier, avec la certitude qu'elle est le cadeau de Jésus, confiant une nouvelle fois sa mère aux hommes !

La veillée à Notre-Dame de Guadalupe

Le 12 décembre est, pour les Mexicains, un jour de grande fête, car on commémore l'apparition de la Vierge à l'Indien Juan Diego en 1531. Avec l'aide de nos voisins, des hommes du café, nous organisons tous ensemble la fête en hommage à la Vierge de Guadalupe.

Tout commence le 11 décembre par une belle veillée composée de chants à la Vierge avec une chorale de la paroisse, de danses d'enfants du catéchisme, d'un film sur les apparitions de la Vierge à Juan Diego, d'un chapelet avec nos voisins et, à minuit, du chant de joyeux anniversaire à la Vierge, Las Mananitas. Quelle joie, pour notre peuple, de pouvoir célébrer leur Mère comme cela se fait chez eux, « au pays » !

La nuit s'achève en beauté : nous avons la surprise de voir arriver un groupe de danseurs habillés en

Indiens. Ils dansent pendant plus d'une demi-heure devant la Vierge. Les tambours mexicains résonnent dans tout le quartier !

– Ça ne va pas faire venir la police ? s'inquiète un des danseurs.

– Qui cela peut-il bien déranger puisque tout le quartier est là !

Nous sommes heureux d'apprendre à aimer et à faire confiance à la Vierge de Guadalupe, comme les Mexicains. L'un de leurs dictons affirme que l'on ne peut pas être mexicain sans être guadalupano, c'est-à-dire fervent de la Vierge de la Guadalupe. Ce jour-là, nos cœurs deviennent pour toujours guadalupanos !

Visite de la Vierge aux esquineros

Quelle joie, pour nos amis du café, de voir arriver le matin du 12 décembre la statue de leur douce mère : Marie de Guadalupe !

Immédiatement, tous les journaliers approchent. Certains pour faire un signe de croix, d'autres pour observer un temps de prière, d'autres encore pour déposer leurs larmes et leurs intentions.

C'est une matinée différente qui se termine par un temps de prière tous ensemble. Nous sommes ainsi témoins de la grande foi de ces hommes qui savent qu'ils ont une véritable mère. Pour la plupart, Marie est un soutien pendant la longue traversée du désert entre le Mexique et les États-Unis... Elle est celle qui veille sur le reste de leur famille au pays, celle qui connaît leurs douleurs et leur quotidien, celle qui est mexicaine jusque dans la couleur de sa peau !

La reine de Little Mexico

Ce 12 décembre, la Vierge semble décidément n'avoir qu'une envie : sortir encore pour aller à la rencontre de ses enfants, de ses petits, de son peuple ! Le soir, escortée par des torches, couverte de fleurs et accompagnée de chants mexicains, la statue de Notre-Dame de Guadalupe circule dans les moindres recoins du quartier. Elle se retrouve même sur un trampoline ou devant une usine de poulet ! Un groupe y a préparé une représentation théâtrale des apparitions de la Vierge à l'Indien Juan Diego.

Au retour de la procession, la messe est belle et joyeuse. Ce soir-là, nous tombons en admiration devant la foi de ce peuple mexicain et devant l'humble splendeur de la Vierge de Guadalupe, reine du district et de notre mission !

Les posadas et la messe de Noël

Nous vivons la période de l'Avent de manière bien particulière avec las posadas. Ce rituel mexicain fait revivre le temps pendant lequel Joseph et Marie enceinte, en chemin vers Bethléem, cherchaient un endroit pour dormir le soir.

On commence traditionnellement par la prière du chapelet. Une procession défile ensuite avec les statues de Joseph et Marie jusqu'à la maison qui les accueillera. En arrivant, on entonne une petite chanson. Elle exprime la demande d'accueil de Joseph pour sa femme « qui ne peut plus marcher ». Dans un premier temps, l'aubergiste refuse. Joseph répond que sa femme est enceinte du « Verbe divin ».

L'aubergiste les reconnaît, demande pardon et laisse entrer les « saints pèlerins ». Une fois que tout le monde est entré dans la maison, un temps de prière précède un petit pot pour se réchauffer !

Ces neuf jours partagés avec nos voisins renforcent l'amitié et les liens de notre petite communauté. Le 24 décembre, nous avons la joie d'assister de nouveau à une messe célébrée au Centre Jean-Paul II, avec une petite pièce de théâtre sur la Nativité jouée par des enfants. Ces derniers ne nous déçoivent pas, et c'est vraiment gratifiant de voir la fierté de leurs parents. Nous terminons par un repas avec nos voisins et nos amis.

Mauvaises nouvelles pour Juan Carlos et Roman

Nous venons de rentrer d'un court séjour de repos à la montagne. Juan Carlos arrive en pleurs à la maison. Il a reçu un appel de sa femme lui annonçant qu'elle le trompe depuis quelque temps avec un autre. Quelques jours après, il nous annonce qu'elle est enceinte... Plus rien ne tient debout, dans sa vie ! Pourtant, Juan Carlos décide de pardonner à sa femme, et il se bat même pour qu'elle garde l'enfant qu'elle a dans son ventre. Elle tente d'avorter deux fois dans des cliniques clandestines... le bébé est toujours là ! Juan Carlos s'accroche à la vie et nous prions pour que le Seigneur lui envoie la Miséricorde et la force nécessaire pour avancer !

Roman, quant à lui, après avoir passé un long temps sans aucun problème de santé, nous appelle en nous expliquant que l'opération chirurgicale sur son œil n'a finalement pas tenu. Un tube placé sous la peau, entre son nez et son œil, commence en effet à se déplacer, touchant l'œil. Il est passé par de fortes douleurs mélangées à la déception de l'échec de l'opération. Nous repartons donc à l'aventure avec lui pour chercher de l'argent et réaliser d'autres opérations : une au nez et l'autre à l'œil. Une nouvelle fois, nous nous en remettons à la providence !

4

Mission d'hiver

Janvier à mars 2008

Changements dans la famille

Rena est de nouveau enceinte, et le bébé a déjà trois mois ! Nous adaptons le programme des journées pour trouver un moment de sieste pour la maman. Théophane ne comprend pas encore, mais, chaque soir, il entend ses parents prier pour son petit frère ou sa petite sœur.

Avec la famille qui s'agrandit, nous déménageons. Le jour de la saint Jean Bosco, nous partons en procession de notre trailer jusqu'à l'étage supérieur du Centre Jean-Paul II. De la même façon que don Bosco et ses garçons avaient traversé toute la ville avec les meubles de l'ancien oratoire jusqu'au Valdocco, une trentaine de personnes du quartier nous accompagnent en chantant jusqu'à notre nouvelle maison !

Menaces sur le Café de la Miséricorde

Voilà plus d'un an que nous distribuons le café, tôt le matin, aux immigrés clandestins attendant du travail au coin de notre rue. Nous sommes tout imprégnés de ce petit coin de bitume sur Atlanta Highway et du spectacle de ceux qui s'y rendent tous les jours.

Depuis quelques mois, le samedi matin, diverses Églises protestantes viennent distribuer de la nourriture, des gâteaux, au même emplacement que nous. Juste après notre départ, des missionnaires du « Tabernacle de la Paix », de « Jésus mon ami » ou encore du « Centre de revitalisation de la foi en Jésus » distribuent des papiers et montent sur une estrade pour prêcher. La réaction première est forcément : « Mais ils n'ont pas le droit ! C'est chez nous, ici ! »

Et puis, un samedi, nous restons pour voir tout cela d'un peu plus près. Nous nous rendons compte de l'ampleur de notre mission du café du matin. En effet, être fidèles tous les matins, connaître chacun par son prénom, écouter et regarder avec respect donne « chair » à l'annonce de Jésus-Christ. Nous ne sommes pas des inconnus venant annoncer l'Évangile à n'importe qui, mais bien des frères qui partagent le quotidien et les difficultés des uns et des autres. Ainsi, notre invitation à vivre sa foi dans l'Église catholique prend une dimension tout autre.

Il y a un ton vrai, dans le témoignage de charité que nous offrons chaque matin, qui permet à certains de prendre plus qu'un café. Octavio en est un exemple vivant. Nos discussions quotidiennes lui ont permis de reprendre le chemin de la vie en Église. Pendant le carême, il est venu chaque dimanche à la messe célébrée le matin au Centre Jean-Paul II. Il nous aide aujourd'hui à rédiger le petit journal du Centre et nous apprend toujours un peu plus la réalité difficile de la vie ici pour eux.

Quête des hommes dans la nuit froide

Ces derniers temps, la Cité perdue est plus déserte à cause du froid de la nuit.

Après avoir reconnu « celui qui donne du café le matin », René s'approche de Romain et lui demande ce qu'il fait là à cette heure de la nuit. Il comprend le sens de notre présence et s'assoit sur le trottoir. René vient du Salvador. Il a deux frères, Moïse et Casper. Sa famille a émigré aux États-Unis au moment de son adolescence et c'est en Californie qu'il a commencé à aller au collège. Très vite, Moïse, son grand frère, entre dans un gang et se met à trafiquer de la drogue. Casper le suit de près et entre dans le même gang. René, quant à lui, ne voit rien venir. Il est trop petit. Un jour, sans rien comprendre, il doit aller à la morgue pour reconnaître le corps de Casper. Il apprend quelque temps plus tard que Moïse est celui qui, sous la pression d'un gang, a tué son frère. Le criminel a été extradé vers la plus grande prison du Salvador, où il a purgé une peine de dix ans ferme. Il en est ressorti converti et est devenu pasteur d'une Église pentecôtiste !

Ce soir-là, une bouteille à la main, René pleure encore amèrement la mort de son frère. Il est minuit, nous prions ensemble devant le Christ miséricordieux pour demander la paix et la consolation.

La bouteille de la Miséricorde est une partie de la mission chère à notre cœur. Elle est chaque fois l'occasion de rencontres véritables entre le cœur de l'homme qui a soif et la Miséricorde sans limite du cœur du Fils de Dieu.

Mais, ces derniers temps, la police voulant « nettoyer » les rues de Gainesville de tous les clochards, alcooliques et trafiquants, nous devons bien chercher pour trouver nos frères.

Un soir, la rue étant vide à notre arrivée, nous cherchons l'endroit où ils peuvent se cacher... Quelques minutes plus tard, à l'intérieur du vieux garage du mécano du coin, nous entendons de la musique mexicaine. Nous poussons doucement les portes et surprenons tous nos copains de la rue réunis autour d'un violoniste, d'un contrebassiste et d'un guitariste de style mexicain. La soirée est magnifique, chaleureuse et le cœur de Jésus offre bien sûr à tous la tournée de sa bouteille de Miséricorde !

Un autre soir, alors que la rue est vide, nous découvrons que les personnes du quartier peuvent être touchées par une visite de nuit. C'est le cas de Ramiro, qui nous ouvre sa porte, un peu gêné au début par son état d'ébriété, mais qui, très vite, joue franc jeu et ouvre son cœur. La nuit est un moment spécial qui permet de laisser plus facilement de côté le masque que l'on porte la journée. La nuit nous entoure d'une intimité particulière propice à la confiance et rend plus vrai. Ramiro nous livre cet aveu :

– Je ne suis pas un homme droit, je prends de la drogue, j'achète des femmes, je bois beaucoup, mais je sais qu'un jour, avec vous, je reviendrai vers Dieu. Quand vous venez nous voir, on dirait que vous êtes des agneaux...

Recherche de la brebis perdue

Nous visitons à présent la prison de Gainesville deux fois par semaine. Ce ministère se décompose en deux parties : la journée du jeudi durant laquelle nous visitons les prisonniers de manière individuelle, et la journée du samedi avec un temps d'enseignement et de partage en groupe à partir d'un texte de la Bible. Grâce à l'aide d'une « shérif » charmée par Théophane, nous avons reçu des badges officiels nous permettant d'entrer dans la prison en tant que travailleurs religieux.

Les visites sont souvent l'aboutissement d'une longue quête, comme celle de Jésus prêt à tout quitter pour retrouver la brebis perdue : on peut chercher indéfiniment quelqu'un qui a disparu ou tomber par surprise sur quelqu'un qu'on ne cherchait pas ! Telle est l'histoire de René.

Lors d'une visite chez nos voisins, nous entrons dans une maison bondée d'enfants. Un jeune d'une vingtaine d'années attire notre attention. Il s'engage à suivre des cours de guitare avec nous. Une semaine passe sans qu'il apparaisse. Nous retournons chez lui, mais la famille a déménagé. Ce n'est que deux semaines plus tard, dans l'enceinte de la prison, que je serre le jeune homme dans mes bras. Il m'explique en pleurant qu'il est là depuis une quinzaine de jours. Sa petite amie Angelica, mineure, est tombée enceinte. Voulant assumer son rôle de papa, René a emmené

« Angie » à la clinique pour le suivi de grossesse. À la fin de l'entretien médical, la police attendait René à l'extérieur. Incarcéré pour détournement de mineure, il est condamné à un an de prison, pour être extradé ensuite vers le Mexique à la fin de sa peine. Lors d'une visite du jeudi, après avoir établi le contact avec Angie, nous annonçons à René que son bébé est un garçon.

Le pain de Dieu

Nous avons démarré en donnant à nos voisins le surplus de pain d'une boulangerie. Aujourd'hui, trois petites équipes sillonnent les rues chaque vendredi. Les missionnaires partent deux par deux, avec leurs chariots chargés de pain, mais aussi de haricots et de riz.

À chaque fois que nous passons avec el Carrito de la Misericordia, les enfants sortent, nous courent après et nous lancent des olas ! Les plus vieux passent leur tête par la fenêtre et nous envoient un « buenos días » qui sent bon Mexico ! Nous sommes inondés par ces petits gestes qui rendent la vie plus colorée !

Beaucoup retrouvent le chemin de l'Église à travers cette simple visite du vendredi, mais ils nous stupéfient aussi par leur générosité. Comment ne pas évoquer ici la visite chez Martin, Mexicain d'une soixantaine d'années ? Nous nous présentons avec notre petit sac de pain. En réponse, il commence à ouvrir ses placards. Nous repartons de chez lui avec des céréales, des fruits et quelques assiettes. Nous avons appris qu'il ne faut jamais refuser le cadeau d'un pauvre. C'est une manière pour lui de trouver une vraie dignité en honorant celui qui le visite, et, pour le missionnaire, l'occasion de grandir en humilité devant l'immense amour des pauvres !

*

Nous découvrons à quel point les gens n'ont pas seulement besoin de pain, mais aussi d'écoute. Après que nous eûmes expliqué à Bertin qui nous sommes, celui-ci nous dit sa surprise de voir des missionnaires catholiques visiter les gens et enchaîne sur un « Vous pouvez m'aider ? ». Sans attendre la réponse, il commence à vider son cœur :

– Cela ne fait pas un an que je suis arrivé à Gainesville et, depuis que je suis là, je n'arrête pas de picoler ! Ce vice me poursuit jour et nuit et je n'arrive pas à m'arrêter ! Maintenant, je n'ai même plus un sou pour manger ou pour payer le loyer ! Je n'ai plus rien, l'alcool m'a tout pris ! Ce qui me fait le plus mal, c'est ma mère qui pleure à chaque fois que je lui parle au téléphone. J'ai envie de changer, pour elle, mais il faut qu'on m'aide. S'il vous plaît, aidez-moi !

Bertin pleure tout en nous racontant son histoire. Nos cœurs pleurent eux aussi, impuissants devant la douleur de cet homme. La prière et les visites sont sans doute les meilleures armes devant tant de détresse humaine. Quelques semaines plus tard, Bertin n'est plus là. Ses voisins nous disent qu'il est parti pour une autre ville.

*

Lors d'une autre visite, nous rencontrons Angel et Dalia. Ils vivent très simplement, Angel travaillant dans une usine de poulet et Dalia restant à la maison, enceinte de sept mois. Nous commençons par leur offrir du pain puis, très vite, le couple s'ouvre à nous.

Quelques mois plus tard, le bébé naît avec un problème au cœur. Plusieurs fois, en urgence, nous emmenons Dalia et son fils Jesse à l'hôpital. L'enfant frôle la mort à plusieurs reprises jusqu'à ce qu'un spécialiste accepte de l'opérer, à Atlanta.

Après l'opération, alors que tout semble rentrer dans l'ordre, Dalia fait ses valises sans rien dire et s'enfuit avec son enfant. Impossible de la retrouver ! Angel tombe vite dans de graves problèmes d'alcool et vient continuellement frapper à notre porte. Après un moment de vide très douloureux, il se rend compte qu'il a perdu sa femme et son fils. Au cours de la dernière nuit d'adoration, Angel trouve en Jésus la force de porter cette lourde croix.

C'est une immense grâce pour nous de voir comme la mission du pain nous permet d'entrer dans la vie des gens et de les guider vers Jésus.

Le magasin du prophète Isaïe

Au Centre Jean-Paul II, nous ouvrons un vestiaire de vêtements et chaussures. Nous nous sommes rendu compte qu'il y avait un réel besoin de vêtements adaptés au froid pour travailler ou pour les enfants et les bébés. De cette façon, la providence divine s'assure chaque samedi qu'il ne manque rien dans la vie de ses petits.

La distribution se déroule le samedi matin. Avec l'aide d'Alma, une de nos voisines, Rena prépare la salle avec les habits pour hommes, femmes et enfants, en accrochant sur la façade du Centre un grand panneau : « Habits gratuits ! »

José se présente. Son épouse vient d'accoucher quelques jours auparavant et ils n'ont pas d'habits pour leur bébé. Maria, arrivée du Mexique pendant la semaine avec ses douze enfants, n'a comme habits que ceux qu'ils portaient le jour où ils ont franchi la frontière !

Le magasin du prophète Isaïe est donc l'occasion pour ces personnes qui n'ont pas d'argent de venir s'habiller en étant accueillis avec respect et charité. Pour nous, c'est comme si Jésus lui-même venait nous demander d'être vêtu !

Au bout de quelques mois, le magasin du prophète Isaïe change de visage. Les dons d'habits et de chaussures augmentent, multipliant par deux le travail de tri. Désormais, tout le vestiaire est exposé à l'extérieur du Centre. Sans attendre, les gens accourent de toutes parts autour des habits et chaussures. Ils se fournissent pour eux, pour leur travail, pour leur famille d'ici ou pour celle de leur pays d'origine.

En échange d'un sac plastique d'habits, nous demandons un don. Pour les personnes du quartier, cette contribution ne donne que plus de valeur à ce qu'elles emportent, et nous sommes à chaque fois touchés par la générosité des petits...

Cette activité nous permet chaque samedi de rencontrer des personnes nouvelles. Il n'est ainsi pas rare qu'après avoir été invitées certaines d'entre elles se rendent à la messe le lendemain.

L'accent américain

Depuis l'ouverture du Centre Jean-Paul II, les cours d'anglais connaissent une nouvelle dynamique. Les annonces faites à la fin des messes nous ont permis d'élargir notre public. Les élèves ne cessent d'affluer avec des profils très différents : un gars du café, un jeune du quartier, une maman ou même la famille entière ! Pour répondre à cette demande, nous mettons en place une garderie, proposition inexistante dans les systèmes d'enseignement de l'anglais.

Les niveaux étant très disparates, nous ressentons le besoin d'aller plus loin et de faire appel à des personnes plus professionnelles pour permettre un meilleur apprentissage de la langue. Nous avons désormais un nouveau professeur, Irineu, brésilien comme Rena. Il vient donner des cours deux soirs par semaine en sortant du travail, avec sa femme et sa fille. Nous sommes stupéfaits par leur générosité et leur disponibilité ! Deux nouvelles figures viennent améliorer la qualité des cours. Vivien, arrivé depuis peu comme missionnaire et qui parle un très bon anglais, coordonne les différentes classes. Puis Janet, une Américaine de la paroisse San Miguel. Elle s'est proposée pour venir donner un petit séminaire de six semaines de cours avec le « vrai » accent des États-Unis !

Il existe pourtant des programmes d'apprentissage de l'anglais, à Gainesville, qui reçoivent des fonds du gouvernement pour aider à l'insertion des immigrés. Mais, aussi fou que cela puisse paraître, ils en sont à chercher des élèves pour continuer à toucher leurs subventions ! De notre côté, nous savons que, si les personnes préfèrent venir au Centre Jean-Paul II, c'est qu'elles y trouvent aussi une dignité, une vraie famille...

Au-delà de l'apprentissage de la langue du pays dans lequel chacun cherche à s'intégrer, ce cours permet aux uns et aux autres de rompre avec la routine des usines de poulet et des mobile homes. Chacun y trouve un endroit où il peut être valorisé et respecté selon ses capacités.

Pour certains, l'anglais ouvre l'espoir d'un travail autre que celui de l'usine. Alors que nous félicitons Angelica pour sa fidélité, elle nous livre sa vraie motivation :

– Mais c'est que vous ne savez pas comme j'en ai assez de travailler dans les usines de poulet. Je n'en peux plus ! Je veux un autre travail, mais il me manque l'anglais. C'est pour ça que je viens !

Nous avons rencontré Modest lors d'une des visites des riverains. Elle revenait de l'hôpital, son dernier enfant ayant avalé des pièces de monnaie. À la fin de la visite, non seulement les enfants sont inscrits au catéchisme, mais elle s'engage aussi à venir au cours d'anglais. Elle veut comprendre ce que lui disent les professeurs de ses enfants et trouver un autre travail que l'usine de poulet. Un jour, elle nous avoue :

– Ce que j'aime, dans les cours d'anglais, c'est quand on chante !

Nous apercevons ainsi que le temps de prière avant et après la classe travaille les cœurs petit à petit.

Cette activité est aussi le moyen pour beaucoup de rencontrer de nouvelles personnes et de sortir d'une certaine solitude. Que ce soit pour Martin, qui travaille toute la semaine, ou pour Maria, qui étouffe dans des problèmes de famille, les cours d'anglais représentent une bouffée d'air pur qui les conforte dans leur dignité comme dans leur foi.

Paola a tout laissé au Brésil : famille, amis, maison, pour rejoindre son mari, Irineu, professeur brésilien de niveau avancé en anglais. Depuis son arrivée, l'adaptation à la culture américaine est, pour Paola, plus que difficile. Sortant peu de chez elle, elle met à profit les cours d'anglais pour rencontrer des gens simples et parler portugais avec Rena. Alors qu'elle était enceinte de six mois, les élèves du cours d'anglais lui ont fait la surprise d'un baby shower. Quelle grâce, pour elle, de se sentir entourée et accompagnée dans sa grossesse loin de son pays !

Nouvelles perles du rosaire

Ces derniers mois, la Sainte Vierge a éprouvé notre foi avec Livrada. La première fois que nous frappons à sa porte, c'est un jeune qui nous ouvre : un grand gars, couvert de tatouages, une cigarette à la main et l'envie claire de nous fermer la porte au nez.

– Nous venons vous proposer de recevoir la statue de la Vierge Marie !

– Revenez plus tard en parler avec ma mère.

Une fois la porte fermée, nous avons la certitude que la Vierge n'entrera jamais dans cette maison. Mais, un dimanche de pluie, alors que toute la procession attend que la maison qui devait recevoir la Vierge nous accueille, personne n'ouvre. Dehors, avec une dizaine de personnes, fleurs et torches à la main, nous frappons aux portes voisines pour proposer de recevoir la Vierge « à l'improviste ». La seule qui accepte est Livrada !

Elle nous accueille en toute simplicité, le visage rayonnant de joie. À peine sommes-nous entrés qu'elle commence à nous raconter :

– J'ai un fils de 16 ans qui habitait avec moi encore récemment, mais, maintenant, il fuit la police. C'est un bon garçon, seulement il a des problèmes de drogue. Je ne sais plus quoi faire. Il n'y a plus que Dieu qui puisse l'aider. Moi, je ne peux plus rien !

Livrada nous confie que cela faisait longtemps qu'elle souhaitait recevoir la Vierge. En particulier ces derniers jours : elle la suppliait chaque matin et chaque soir de lui apporter son aide et sa consolation !

*

Les différents projets mis en place au Centre se mêlent et s'entremêlent, cela afin de toucher le plus grand nombre de personnes possible : enfants, adolescents, parents ou hommes seuls. Un dimanche, alors que Lupita et Juanito, deux enfants du quartier, se rendent au catéchisme, nous remarquons leur air préoccupé. Quelque chose ne va pas. À la fin de la classe, Lupita nous raconte que son papa Juan Castro a été emmené par la police la nuit précédente pour avoir trop bu dans la rue avec ses amis.

Quelques mois plus tard, la Vierge de Guadalupe s'invite chez Juan Castro, sa femme Maria et leurs deux enfants. Elle y reste deux semaines qui vont changer le cœur de Juan :

– J'ai décidé d'arrêter de boire, et c'est grâce à la petite Vierge ! Depuis qu'elle est chez moi, je n'ai pas bu une goutte d'alcool ! Si Dieu le veut, je tiendrai deux mois, et si je tiens, je lui ai promis que j'apprendrais à jouer de la guitare pour lui jouer une serenata.

Chose promise, chose due, Juan Castro nous accompagne désormais à la guitare pendant les processions de la Vierge et chante pour « celle qui a changé sa vie » ! Juan a aussi décidé d'être responsable du parking lors des messes du dimanche. Il coordonne une petite équipe de six personnes avec talkies-walkies et gilets fluorescents. Un bon moyen pour s'approcher peu à peu de l'église !

Place à la musique !

Les cours de guitare nous permettent de toucher des adolescents. Nous avons démarré avec deux ou trois élèves à peine et, aujourd'hui, nous sommes une bonne quinzaine.

L'objectif est, bien évidemment, d'apprendre la musique. Mais nous souhaitons aussi créer une chorale missionnaire pour jouer devant les supermarchés du quartier ou dans la rue. Cette dynamique motive la plupart des membres de la classe, qui apprennent donc rapidement.

Enfin, nous nous émerveillons de voir l'influence que peut avoir la musique sur la vie de certaines familles. José et son fils Bryan suivent tous les deux les cours, tout comme Mauricio et son fils Santiago. Nous avons déjà à notre répertoire une ou deux chansons, et nous prions pour que ces chants donnent aux familles la joie de louer Dieu en musique et pour que ce petit groupe puisse bientôt « sortir sur les places publiques » pour annoncer l'Évangile !

*

Au bout de trois mois, la plupart des élèves ont fait de grands progrès et peuvent déjà jouer quelques airs. Ruben vient donner un coup de main à Romain. Il est alcoolique et suit une thérapie intensive. Ce cours est pour lui l'occasion de mettre en valeur l'un de ses talents et de se donner aux autres.

La chorale aussi s'est bien développée. Nous sommes une petite vingtaine de chanteurs : des couples, des mamans, des jeunes, des enfants... Le groupe se réunit deux soirs par semaine et Romain coordonne le tout. Nous avons même commandé un uniforme avec une chemise de la même couleur pour tous et le nom de chacun brodé dessus. C'est une véritable grâce de voir la motivation de chacun et le bien que cette chorale fait au quartier par sa joie et son exigence. Car la chorale est aussi un moyen d'engager ses participants à une vie dans l'Église : la participation à la messe, à la confession et au sacrement du mariage pour certains.

Efforts de carême pour le catéchisme

Le nombre d'inscriptions au catéchisme ne cesse d'augmenter, et nous devons, bien malgré nous, refuser du monde faute de catéchistes. Chaque dimanche, nous accueillons ainsi plus d'une cinquantaine d'enfants. Nous réussissons néanmoins à constituer trois groupes : un pour les petits de 5 à 6 ans, un autre pour les 6 à 8 ans et un autre encore pour les grands de 9 à 13 ans.

La rencontre avec ces enfants nous confronte à la réalité du peuple migrant. La majorité d'entre eux ont déjà été expulsés de l'école plusieurs fois, et très peu savent lire ! Avant toute catéchèse, il nous faut donc gagner leur confiance en portant sur eux un regard valorisant et motivant.

Cela ne nous empêche pas de mettre la barre haut ! Pendant le temps du carême, les messes dominicales sont toutes célébrées au Centre. Notre objectif est que les enfants du catéchisme et leurs parents vivent un carême différent, en faisant l'expérience de la beauté de l'Église. Nous proposons donc à chaque famille de venir, tous les dimanches du carême, à la messe célébrée avant le catéchisme.

Chaque semaine, notre petite chapelle est pleine à craquer dès 9 heures du matin ! On y reconnaît les enfants du catéchisme et leurs parents, mais aussi les élèves du cours d'anglais, les gars du café... Nos cœurs débordent de joie en voyant la soif de ce peuple qui boit les paroles du prêtre. La vie de paroisse répond à un besoin si profond, chez eux ! Quelle chance pour nous, jeunes missionnaires, d'assister à la naissance d'une communauté paroissiale !

L'expérience est si forte qu'à la fin du carême les familles se lamentent que les messes s'arrêtent, nous montrant au passage l'importance de la participation des parents au catéchisme de leurs enfants...

Les Cendres au café du matin

Joie étonnante de nos amis du café de voir arriver le matin du mercredi des Cendres le Mercy Bus (bus missionnaire) de Richard Borgman, qui organise une messe des Cendres à leur intention. Ce jour-là est le jour où l'on peut s'approcher sans peur du prêtre. Que je sois marié, divorcé, que je n'aie pas fait ma première communion, que je ne sois pas même baptisé... peu importe ! Tout le monde peut s'approcher et recevoir les Cendres parce que tout le monde est appelé à se convertir.

Dans le froid matinal, le curé de la paroisse démarre une magnifique célébration et rend Jésus présent dans l'eucharistie pour tous ces journaliers. Le père Fabio reste pour confesser en pleine rue, devant le camion, tous ceux qui veulent commencer ce chemin de carême en demandant pardon à Dieu.

Après la messe, nous assistons au premier miracle du carême. Le propriétaire du supermarché, qui, jusqu'alors, ne voulait pas autoriser les immigrés clandestins à attendre un travail sur son parking, les invite dans son magasin pour leur offrir un thé et un morceau de pain !

Les chemins de croix

Chaque vendredi de carême, dans une partie différente du quartier, nous organisons un chemin de croix. C'est l'occasion de faire participer les habitants à une pièce de théâtre, entrecoupée à chaque station par une méditation et un temps de prière. Juan Carlos, fidèle du café du matin, joue le rôle de Jésus. Nicolas, jeune riverain, celui du soldat romain, tandis qu'Elisabeth, une de nos voisines, joue celui de Véronique...

Durant la semaine sainte, des jeunes de la paroisse viennent nous aider pour méditer le chemin de croix au Café de la Miséricorde. Les travailleurs et d'autres habitants se joignent à nous pour revivre la passion de notre Seigneur. Celui qui joue Jésus est bien évidemment un gars du café, et les intentions de prières de chaque méditation concernent le peuple de Little Mexico. Quelle belle expérience de mission nous donne le Seigneur pour ce carême !

Le Festival de la Résurrection

Autre temps fort du catéchisme pour le dimanche de Pâques : un Festival de la Résurrection inspiré de la fête traditionnelle mexicaine qui porte ce nom, organisé au Centre Jean-Paul II.

Avec un groupe de jeunes se préparant à la confirmation, nous mettons en scène une pièce de théâtre sur la résurrection du Christ. Nous invitons chaque famille du catéchisme qui apporte quelque chose à partager pour le repas.

Tout le monde chante, danse, prie, et les enfants écoutent avec beaucoup d'attention la pièce de théâtre. Durant le temps de prière, chacun peut exprimer sa demande au Christ ressuscité. Des ballons de couleur sont lâchés dans le ciel, faisant monter vers Dieu toutes les intentions. Pour combler les enfants, le festival se termine par une chasse aux œufs de Pâques. Ils rentrent chez eux le cœur rempli du Christ ressuscité et les mains pleines de chocolat !

Cadeaux du carême

Deux initiatives sont nées pendant le carême au Centre Jean-Paul II.

Le mercredi soir, dans la chapelle, un petit groupe composé de mamans et de jeunes enfants se réunit pour prier le chapelet de la Divine Miséricorde propre à sainte Faustine. Cette prière commune permet de porter les intentions des uns et des autres.

Nous avons également reçu un don très particulier de la part de l'école de cinéma du frère de Romain : un rétroprojecteur vidéo. Grâce à ce nouvel équipement, nous lançons la première projection : La Passion du Christ. C'est un moment très fort pour les personnes réunies ce soir-là. Nous poursuivons par un temps de prière et un temps de questions-réponses concernant certaines scènes du film.

Depuis, les projections se poursuivent une fois par mois, répondant à un vrai besoin. Gainesville étant une ville américaine, il n'est pas possible aux immigrés latinos de trouver un cinéma projetant des films en espagnol. Les films sous-titrés sont rares et, de toute façon, une grande partie des habitants n'est pas capable de lire à cette vitesse. La soirée commence avec un film (en espagnol) et se poursuit par un morceau de pizza et un temps de partage. Par ce biais, nous animons une petite discussion sur des thèmes variés qui touchent la vie quotidienne des habitants : la tentation, le courage, l'illégalité, etc.

Pour un dollar, les habitants de Little Mexico, quel que soit leur âge, peuvent se rendre dans un « vrai cinéma », s'offrir un moment de détente en famille et fortifier les liens qui les unissent les uns aux autres !

Premier anniversaire de Théophane

Notre famille va bientôt s'agrandir avec l'arrivée d'un nouveau bébé ! La mission nous remplit d'une joie profonde. Malgré notre déménagement au Centre

Jean-Paul II, l'accueil garde une place particulière chez nous. Nous sommes chaque jour touchés par les personnes que nous rencontrons et qui viennent s'asseoir à notre table pour nous raconter leur histoire.

Théophane fait ses premiers pas. Il dit : « Papa, maman, bye-bye ! » et bien d'autres mots dont il est le seul à connaître le sens. Il danse et tape des mains comme un Brésilien. Pour son premier anniversaire, tous les petits amis du quartier sont présents avec leurs parents. Chacun d'eux souhaite participer aux réjouissances de façon spéciale en offrant avec une prodigalité et une générosité incroyables de la nourriture, des boissons, des jeux, une piñata, et même six gâteaux d'anniversaire décorés ! Quant aux cadeaux, il a reçu tellement d'habits qu'il y en aurait suffisamment pour ouvrir un magasin !

Nous profitons de l'arrivée d'un nouveau missionnaire, Vivien, pour partir en vacances en Floride, au bord de la plage. Nous avons vraiment besoin de repos et de nous retrouver ensemble. Pour Théophane, c'est une fantastique découverte de la mer. Pour nous, un temps béni pour dormir, lire, se retrouver et prier !

5

Ancrer la mission

Avril à juillet 2008

Un nouveau missionnaire

Au mois de mai, nous avons donc accueilli Vivien, un nouveau missionnaire envoyé par Fidesco, pour nous aider dans le quartier et au Centre Jean-Paul II. C'est une grande joie pour nous de travailler avec lui, de voir comme il est accueilli par le quartier.

Nous laissons notre place à Vivien, au Centre Jean-Paul II, pour retourner vivre dans un mobile home, dans un des quartiers les plus pauvres des environs du Centre. Notre nouveau logement est coincé entre une voie de chemin de fer et une usine de poulet. Ce sont les personnes à qui nous distribuons le café le matin qui nous aident à repeindre, nettoyer et aménager notre maison.

Attendre sous le soleil

Durant l'été, le Café de la Miséricorde change d'allure. Ce ne sont plus, en effet, le froid, la pluie ou la neige qui rendent l'attente d'un travail pénible, mais le soleil ! Très rapidement, le matin, la chaleur devient insoutenable.

Ces derniers mois sont marqués également par un durcissement de la police vis-à-vis des immigrés hispanos. Un jour, à 7 h 30, quatre patrouilles de police débarquent en pleine distribution du café. Ayant bien préparé leur intervention, les forces de l'ordre coffrent d'un coup une dizaine de travailleurs. Les aspects les plus spectaculaires de cette descente sont la rapidité de l'intervention, le sentiment d'impuissance qui est le nôtre et la manière brutale dont ces personnes sont emmenées en prison. Étant « illégaux », la plupart sont renvoyés dans le mois qui suit vers leur pays d'origine.

Nous continuons malgré tout ! De nouvelles têtes apparaissent. C'est toujours, pour nous, un moment fort de compassion, particulièrement en cette période où l'offre de travail est faible. Certains peuvent passer de deux à trois semaines sans travailler et rester entre quatre et huit heures, chaque matin, à attendre sur le bord de la route.

Quelle posture adopter face à nos frères dans le besoin ? Qu'il est difficile d'arriver chaque matin en n'ayant entre les mains que très peu d'éléments pour changer leur situation ! Concrètement, ils n'ont pas de boulot, pas de quoi payer un loyer, et leur famille au Mexique attend de l'argent pour pouvoir vivre... Et pourtant, nous sentons qu'il faut être à leurs côtés, avec une espérance chaque jour nouvelle. Avec une joie qui peut changer leur journée. Avec la certitude que Dieu peut manifester sa présence au cours d'un échange et toucher un cœur.

Après bientôt deux ans passés au Café de la Miséricorde, nous nous rendons compte combien ces liens tissés dans la rue ont scellé une fraternité et une amitié véritables. Beaucoup sont repartis dans leur pays, et nous sommes ceux qui restent encore. En sentant que notre tour approche, notre cœur se serre !

Grâce à l'audace missionnaire de Vivien, nous prenons l'habitude de finir chaque tournée de café par une prière. Elle rassemble et redonne leur dignité à tous ces hommes qui attendent un travail, une vie meilleure ! Tous nous avons les yeux tournés vers le tendre visage de Notre-Dame de Guadalupe et lui déposons les intentions de nos frères. L'impératrice des Amériques prend ainsi tous ses enfants dans les bras et intercède auprès de Jésus pour qu'ils trouvent un boulot !

Interdits de visite

L'été venu, nous avons quelques difficultés à poursuivre les visites dans la prison. Comme nous ne sommes ni prêtres, ni diacres, ni pasteurs, la prison juge que nous ne pouvons pas entrer seuls pour voir les prisonniers. Le shérif réclame notre numéro de « licence » pour pouvoir prêcher. Nous cherchons donc par quels moyens nous pourrions poursuivre cette mission. Nous espérons beaucoup être appuyés par la femme officier que Théophane a séduite !

Cette suspension de nos visites, bien entendu, ne nous facilite guère la tâche pour résoudre les difficultés croissantes des immigrés incarcérés et de leurs familles. Valentino, en se rendant au travail en voiture, est arrêté par la police. Étant en situation illégale aux États-Unis, il n'a pas de permis de conduire. La police l'embarque et le met en prison. La caution demandée pour le sortir est exorbitante, mais sa femme Alma ne désespère pas. Nous cherchons avec elle comment trouver de l'aide.

Finalement, après avoir payé une grande partie de la somme, Valentino est jugé et condamné à retourner dans son pays dans les mois qui suivent. Alma, ne travaillant pas, se retrouve sans ressources. Sa seule solution est de déménager, de vendre la plus grande partie de ses affaires et d'attendre que Valentino donne signe de vie une fois arrivé au Mexique. Nous accompagnons Alma de très près. Elle est pour nous un des piliers du Centre Jean-Paul II pour le quartier. Mais, du jour au lendemain, elle disparaît pour aller vivre chez son beau-frère, unique moyen pour elle de ne pas se retrouver à la rue !

L'histoire de Porfirio est assez semblable. En rentrant du travail, il est arrêté. Il n'a pas de papiers, pas de permis. Il est envoyé en prison puis renvoyé dans son pays. Il laisse aux États-Unis sa femme enceinte de six mois et ses deux petits enfants. Une fois au Mexique, Porfirio n'a pas d'autre choix que celui de repasser illégalement la frontière. S'il est interpellé aujourd'hui par la police, il est passible de cinq ans de prison ferme.

Quelqu'un qui me comprend !

Au démarrage de la bouteille de la Miséricorde, nous avions senti que le projet devait être soutenu par la prière. La nuit, pendant que Romain était dans la rue, Rena restait en prière pour que le Seigneur soit présent dans chacune des rencontres. Cette veillée de prière s'est transformée en une adoration du Saint-Sacrement qui allait permettre de révéler à tous, le vendredi soir, la présence du Seigneur au milieu de son quartier qui souffre !

C'est un grand défi, pour nous, d'accompagner nos amis et voisins la nuit. Il est difficile en effet, pour celui qui vit sans cesse dans le bruit, devant la télévision ou avec de la musique dans les oreilles, de venir faire silence, de se mettre à genoux pour que Jésus puisse parler à son cœur.

Depuis juin, le deuxième vendredi de chaque mois, les portes de la chapelle sont grandes ouvertes sur la rue pendant toute la soirée. Ceux qui rentrent des usines de poulet, les gars de la bouteille de la Miséricorde qui traînent dehors, s'y arrêtent. Et plusieurs font l'expérience d'une rencontre exceptionnelle. José, un gars de l'Esquina, participe à cette veillée de prières devant le Saint-Sacrement pour animer les chants d'introduction à l'adoration.

Le lendemain, nous partageons le café du matin, et il raconte à Romain :

– Hier, dans la chapelle, j'ai pu Lui parler comme je n'avais jamais parlé à personne. Il sait tout, maintenant, je me sens léger, je lui ai tout raconté. Enfin j'ai trouvé quelqu'un qui m'a compris !

Après cette veillée, José insiste pour se confesser, chose qu'il n'avait pas faite depuis sa première communion. Il est désormais présent tous les dimanches à la messe !

Nous rendons grâce à Dieu pour le cadeau de cette nuit de prière mensuelle. Elle est la source de beaucoup de guérisons et de conversions pour nous et pour les habitants. Dieu est fidèle. Il console et parle dans le silence de la nuit.

La messe tous les dimanches

Voyant la soif des habitants de Little Mexico d'assister à la messe, le père Fabio a accepté de maintenir « pour un temps » la messe au Centre Jean-Paul II. C'est donc chaque dimanche une fête nouvelle. Nous avons récupéré une cloche qui commence à sonner une demi-heure avant la messe et, petit à petit, nous voyons les gens sortir de leurs maisons et monter à pied vers le centre.

La messe hebdomadaire a engendré la création de plusieurs ministères : une dizaine d'enfants de chœur, un groupe de lecteurs, des personnes qui accueillent et placent les fidèles, d'autres qui vendent des boissons à la sortie de la messe…

Semences de paix

Nous continuons chaque samedi après-midi à accueillir les enfants du quartier au Centre. Pour repérer nos troupes, nous faisons une belle boucle dans le quartier afin que personne ne manque. Nous sommes touchés que les parents nous confient leurs enfants sans aucune hésitation. À la fin, on se retrouve facilement à la tête d'une petite vingtaine d'enfants tellement heureux et impatients d'aller « a los juegos » (aux jeux) !

Nous avons décidé d'ajouter aux après-midi de la Miséricorde un temps pour raconter des histoires de la Bible. Nous préparons une petite pièce de théâtre comique sur certaines histoires de la vie de Jésus ou de l'Ancien Testament. Il est impressionnant de voir les sourires des enfants quand la baleine géante mange Jonas, ou quand le Bon Pasteur retrouve sa petite brebis perdue (Théophane joue le rôle de la brebis) et la charge sur ses épaules. Chacun écoute avec attention et chaque histoire se grave dans les cœurs.

Ces après-midi se transforment non seulement en un temps de jeux et de récréation, mais aussi en un moment de catéchèse et d'écoute de la parole de Dieu... Autant de petites graines semées dans ces cœurs d'enfants et d'adolescents qui, par la grâce de Dieu, feront d'eux des hommes et des femmes de paix.

Notre terrain de foot

En parallèle des jeux du samedi, nous démarrons des parties de foot avec les plus grands enfants du quartier. Seul souci : nous n'avons pas de terrain... Nous sommes obligés de jouer sur le parking d'un garage désaffecté ou sur un bout de terrain rocailleux juste à côté du Centre ! Après avoir rencontré le

propriétaire du terrain rocailleux, la réponse est immédiate et surprenante :
– Faites ce que vous voulez, ce bout de terrain est à vous. Si vous avez besoin de quoi que ce soit, revenez me voir !

Armando, un généreux voisin, propose de donner un coup de main. Une semaine plus tard, il arrive au Centre avec sa petite tractopelle pour aplanir et niveler le terrain.

Luis, jardinier paysagiste, propose son aide pour le gazon et, quelques jours plus tard, de la pelouse en carrés « prête à poser » est livrée au Centre. Avec quelques personnes, nous installons le tout !

Depuis, les enfants du quartier sont on ne peut plus fiers d'avoir « leur » terrain de foot !

La fête du Sacré-Cœur de Jésus

Le jour du Sacré-Cœur de Jésus, tout le quartier est réuni pour faire honneur à son Roi, celui dont le cœur est doux et humble. Richard est présent et témoigne de son expérience du cœur de Jésus et de la façon dont celui-ci l'a amené à l'Église catholique alors qu'il était protestant.

Cette fête est une occasion très particulière pour le quartier de « parler à Jésus ». Chacun, ce soir-là, exprime à haute voix ses intentions de prières. Nous sommes particulièrement touchés d'entendre la souffrance des familles en situation illégale. Le problème de l'immigration et du statut de clandestin est une plaie douloureuse pour ceux que nous côtoyons. Mais la joie d'être ensemble, de chanter Dieu si bon et miséricordieux, permet à chacun de trouver le repos, tout contre le cœur de Jésus. C'est la vocation du Centre Jean-Paul II de rapprocher les habitants de Jésus qui aime et console !

Quel moment intense, pour nous, de prier avec ce quartier, d'entrer en profondeur dans ses blessures ! Quelle merveille aussi de voir avec quelle foi et quelle confiance les petits et les humbles ouvrent leur cœur à Jésus !

La fête du Corps et du Sang du Christ est une véritable révolution pour les familles et pour le Centre. Après la messe, le prêtre sort le Saint-Sacrement dans les rues, suivi d'une large assemblée. Chacun s'immobilise pour le laisser passer et pour que la procession soit belle. Des familles ont été choisies pour aménager devant chez elles un autel pour recevoir l'ostensoir. Plus de trois cents personnes accompagnent Jésus pèlerin !

Lors de nos débuts dans notre mobile home, n'avions-nous pas rêvé d'une paroisse pour le quartier et d'une procession du Saint-Sacrement au milieu des pauvres ? Deux ans après, nous sommes émus de voir Jésus ainsi vénéré dans les rues... C'est comme l'aboutissement d'une évangélisation menée fidèlement, jour après jour, qui a préparé les chemins du Seigneur. Telle est notre belle vocation !

6

Passer le relais !

Août à décembre 2008

Au terme de notre mission, nous avons la joie d'accueillir la relève et de recueillir plusieurs *fioretti*.

S'il te plaît, Jésus !

Paul VI, dans son exhortation apostolique *Evangelii Nuntiandi*, rappelait que le véritable acte d'évangélisation évangélise d'abord le missionnaire. C'est très réel pour nous, spécialement lors d'une nuit de la Miséricorde dans les rues de Gainesville. Alors que Rena a, depuis quelques jours, des contractions sans que cela ne déclenche pour autant l'accouchement, les médecins nous renvoient invariablement de l'hôpital :
— Rentrez chez vous, ce n'est pas pour aujourd'hui !

Le terme étant dépassé, la date pour une césarienne est fixée ! Ce vendredi soir, Romain sort dans la rue avec le cœur un peu gros, dispose le cadre de Jésus, allume les bougies et commence une petite prière :
– S'il te plaît, Jés...
Et voilà que Lucio, un de ses bons amis du café du matin, débarque complètement saoul et s'agenouille à côté de lui devant Jésus. Dans un élan de ferveur, Lucio commence à pleurer devant le Seigneur :
– Mon Dieu, toi qui es tout-puissant, toi qui peux tout, trouve-moi du travail...
Touché par la détermination de Lucio, Romain contemple sa foi et lui demande soudain de prier pour Rena et le futur bébé :
– Mon petit Dieu, Dieu de la Miséricorde, toi qui peux tout et qui exauces les prières des pécheurs et des méchants, regarde mon frère Romain présent à côté de moi. Tu sais qu'il est bon pour nous, qu'il vient nous donner le café du matin. Ce n'est pas possible que tu n'exauces pas sa prière à lui. Tu ne vas pas le laisser tomber, quand même ! S'il te plaît, je sais que tu es le Dieu tout-puissant, je te demande que cet accouchement se passe bien... Je sais que tout va bien se terminer et que, dans pas longtemps, nous aurons un nouveau bébé pour le quartier.
Romain promet à Lucio que, si le bébé naît ce soir-là, il l'appellera Lucio. Ouf ! Silouane arrive deux jours plus tard, le jour de la Saint-Luc ! Il nous a fait vivre dans sa propre chair l'expérience de la Passion et de la Résurrection ! Quel beau moment de pouvoir porter dans nos bras ce petit bébé, reflet de la petitesse du Dieu Amour. Théophane est si fier de son petit frère !

Une autre famille missionnaire

Emmanuel et Flore débarquent à Gainesville pour nous relayer. C'est un sentiment étonnant de découvrir dans une autre famille le même appel missionnaire qui nous anime... avec ses variantes dans la manière d'y répondre. Un des nombreux dons d'Emmanuel est de pouvoir couper les cheveux à n'importe qui, n'importe où, en un rien de temps ! Ainsi, chaque samedi matin, il improvise avec un miroir, une tondeuse, une paire de ciseaux, une blouse de coiffeur à l'effigie du Centre et une patience à toute épreuve le salon de beauté du Centre Jean-Paul II !

Flore, elle, a le don de la médecine. Depuis son arrivée s'est mis en place un projet spectaculaire de consultations gratuites. À l'intérieur de l'autobus de Richard, Flore, les infirmières et le docteur Rios transforment le Centre Jean-Paul II en une véritable cour des Miracles. Lors de la dernière consultation, le docteur a pu proposer à plus de cinquante personnes le vaccin contre la grippe, vaccin qui, pour les familles du quartier, coûte une fortune en clinique !

Nous les regardons s'épanouir tous deux dans cette belle mission et partons le cœur tranquille, sûrs que nos amis continueront à être aimés et guidés vers Jésus !

Mister Andy nous arrive de Belfast, en Irlande. Sorti de l'école de mission de l'Emmanuel, à Rome, Andrew est un cadeau spécial du Bon Dieu pour la population américaine du quartier. Il a le contact très facile, propre aux Irlandais, qui lui permet d'entrer sans difficulté dans les maisons !

Une fois par semaine, nous avons aussi la joie d'accueillir au Centre le père William. Il vient donner à notre petite communauté une formation sur la parole de Dieu à travers la Bible. Cette formation a pour but de renforcer la foi souvent trop sentimentale de nos amis. Elle répond à la demande de nombreuses personnes désireuses d'affirmer leur foi afin de pouvoir répondre aux questions des « frères séparés » venant frapper à leur porte.

Un répertoire inattendu !

Les cours de guitare se sont développés de manière surprenante. En quelques mois, le nombre d'élèves a triplé, réunissant des gens de tous âges. Le niveau a bien progressé, et la majorité des guitaristes possèdent maintenant un répertoire assez large de chants d'église qui embellissent la prière du rosaire et l'animation des messes.

Roman, plutôt branché AC/DC, Metallica ou Iron Maiden, est un élève très fidèle. Il est fascinant de passer en revue avec lui les chants de la liturgie. À chaque page, il s'exclame :

– Ah, celui-là, c'est mon préféré ! Je l'aime trop, il est trop bien !

Certes, les chants de la liturgie latino sont bien différents de la messe de San Lorenzo, mais, de là à faire concurrence à Iron Maiden ! En tout cas, ces leçons de guitare ont attiré beaucoup de jeunes qui sont entrés dans la chorale et vivent aujourd'hui un véritable chemin dans l'Église.

La chorale en mission

La chorale se réunit désormais deux fois par semaine : le mercredi et le vendredi soir. Le petit groupe d'une dizaine de personnes est maintenant passé à une quarantaine !
La chorale n'anime pas seulement les messes du Centre. Elle reçoit une véritable formation chaque semaine sur l'Église et sort régulièrement dans les rues pour évangéliser. Nous profitons de la fête de tous les saints pour partir, tous un peu tremblants, chanter devant le supermarché principal du quartier.
Réunis d'abord à la chapelle du Centre, les membres de la chorale demandent humblement à l'Esprit saint de les accompagner dans cette première expérience missionnaire. Tandis qu'on installe le matériel, les habitants se réunissent peu à peu. Juan, converti par la Vierge, invite les hommes à venir à l'église :
– J'ai découvert avec le Centre Jean-Paul II que les vrais amis ne sont pas ceux qui t'offrent de la bière le vendredi soir, mais plutôt ceux qui te parlent de l'amour de Dieu et t'invitent à l'église...
Le résultat de cette première mission est splendide !
Depuis peu, pour familiariser les membres de la chorale avec la vie de prière, chaque rencontre s'ouvre et se conclut par un temps de recueillement, mené à tour de rôle par les adultes, les jeunes et les enfants. Et, une fois par trimestre, un bilan permet à chacun de rendre grâce ou de demander pardon pour tout ce qu'il a vécu au sein de la chorale. Un temps digne du Ciel !

Le fiat de Monica

La procession du rosaire est devenue une véritable tradition. Aux fleurs, aux bougies, aux torches et aux sourires s'est ajoutée la musique. Grâce aux cours de guitare, nous avons hérité de musiciens qui viennent appuyer les beaux chants à Notre-Dame de Guadalupe. Ces processions régulières, où la Vierge est accueillie chez les uns et les autres, créent une vraie proximité avec les habitants. Parfois, au moment où nous leur proposons de recevoir la Vierge dans leur propre maison, ils nous disent :

– Ah oui, je vous ai vus passer dimanche dernier !

Le témoignage de Monica nous édifie. Lors d'une visite à son domicile, elle nous confie que son mari et son beau-père boivent beaucoup et que, chaque week-end, elle reçoit des coups lorsque les deux hommes sont ivres. À la fin de ce bel échange, nous confions ce couple à la Sainte Vierge.

Quelques jours plus tard, Monica nous interpelle dans la rue :

– Deux jours de suite j'ai rêvé de la Vierge, elle me demande de l'accueillir chez moi. Peut-elle venir ?

Le dimanche suivant, la petite communauté se réunit chez Monica pour prier le chapelet en présence de son mari et de son beau-père. Nous supplions la Vierge de fortifier le foyer et de raviver l'amour de ce couple. Le dimanche suivant, Monica, son mari et leur enfant sont à la messe avec une lumière nouvelle dans les yeux. Gloire à toi, Marie de Guadalupe !

Corriger avec douceur

Les habitants sont maintenant bien habitués à venir faire un petit tour à la mission pour fouiller un peu dans les habits et les chaussures du vestiaire du samedi matin.

Le principe est que les personnes donnent ce qu'elles peuvent et ce qui leur semble juste pour la quantité de vêtements choisie. Nous sommes à chaque fois étonnés de la générosité de nos voisins. De plus, certains ont pris comme engagement de venir régulièrement aider à trier, ranger et réorganiser inlassablement les habits. Ainsi Flore, Liliana et Soledad sont là chaque samedi matin avant tout le monde, prêtes à s'activer pour mettre tout en place.

Nous devons cependant faire face à un petit incident. Alors que certaines personnes repartent chaque samedi avec d'énormes sacs d'habits, nous nous rendons compte qu'elles les revendent ensuite dans d'autres magasins. Avec beaucoup de charité, nous devons remettre les pendules à l'heure… La semaine suivante, ces mêmes personnes reviennent au Centre avec des tas d'habits, de chaussures et une offrande pour demander pardon !

Le cinéma Jean-Paul II

La soirée ciné-pizza est très prisée des habitants. Nous avons délibérément choisi le vendredi soir pour faire une concurrence efficace aux packs de bière ou aux bagarres. Ce rendez-vous est aussi l'occasion pour certains de mettre de temps en temps les pieds à l'église.

Chaque film essaie de faire passer un message fort. Au premier abord, Spiderman 3 semblait moins adapté qu'une encyclique ou une exhortation apostolique pour réfléchir au thème du Bien et du Mal. Mais, en cherchant un peu, les missionnaires y sont parvenus !

La réaction d'Octavio est révélatrice de l'efficacité de cette catéchèse. Six mois après la projection du film, alors que nous avons une discussion un peu profonde avec lui, il argumente :

– Ben tu vois, c'est comme dans Jumanji au moment où...

Apparemment, le message est bien passé !

La fête de Notre-Dame du Carmen

Certaines personnes appartenant à d'autres Églises nous font des reproches :

– Mais vous, les catholiques, vous êtes tout le temps en train de célébrer quelque chose !

Oui, c'est bien là la beauté de notre foi, ce qui la rend vivante et joyeuse !

Patronne de Colombie, Notre-Dame du Carmen est célébrée cette année en grande pompe. Une procession accompagnée de danses et de tambours, d'un chapelet, puis d'une belle messe.

Ces processions sont le moyen de ramener beaucoup d'anciens catholiques à la beauté de la messe. Pris par la beauté des danses, Patricio, évangéliste convaincu, se retrouve ce jour-là assis à côté de Romain, dans l'église, pour participer à la messe !

Nos deux ans de mariage

Notre petite famille arrive à la fin de cette mission. Nous avons droit à une fête surprise préparée par les missionnaires et voisins pour célébrer nos deux ans de mariage. Nous sommes si heureux d'être avec nos amis et de rendre grâce avec eux à Celui qui fait vivre l'Amour !

Au moment de bénir le beau repas, l'émotion nous saisit. La présence du Seigneur n'a pas cessé de nous accompagner au long de ces deux années. Sous nos yeux, nous avons la preuve vivante que ce sacrement est appelé à porter du fruit et que ce n'est encore que le début de ce qu'il veut faire à travers nous : en plus de nos deux enfants, Théophane et Silouane, nous avons reçu tant d'enfants spirituels !

7

Quelle suite ?

Absorbés que nous étions par la mission, nous ne nous sommes posé à aucun moment la question de savoir quelle suite lui donner, jusqu'à ce qu'un prêtre nous demande, à mi-parcours, de créer en cinq ans un lieu d'évangélisation comme celui du Centre Jean-Paul II, dans un autre lieu. Pour différentes raisons, cette proposition n'éveille en nous aucun écho sur l'instant, mais elle fait son chemin dans nos cœurs et nous rend attentifs aux sollicitations extérieures.

Au même moment, plusieurs voisins de Gainesville nous interpellent pour que nous allions rencontrer leurs amis au pays. Et si c'était un appel à poursuivre l'évangélisation commencée ici ? Tout en prenant ces invitations au sérieux, nous nous demandons comment y répondre concrètement avec nos deux enfants. La réponse s'impose à nous dans un bar américain, alors que nous parlons tous les deux devant un entrepôt de bus scolaires. Notre maison sera un bus ! Ne voulant pas céder à un emballement trop rapide, nous nous donnons le temps de vérifier si nous ne faisons pas fausse route. Contre toute attente, les personnes de confiance que nous consultons nous encouragent toutes dans ce rêve un peu fou.

En janvier 2009, à la fin de la mission Fidesco, le projet reçoit une autre confirmation essentielle lors de notre séjour dans la famille de Rena. La Conférence des évêques du Brésil de la région du Nordeste fait appel à nous ! Le père Sydney Fones, secrétaire de la Conférence des évêques d'Amérique latine, sera chargé de nous mettre en contact avec les différents évêques du continent pour repérer les lieux de mission de chaque pays. Un appui qui va se révéler décisif pour le succès de cette nouvelle mission.

Livre second

La mission Tepeyac

8

Un vrai défi !

Lettre de mission

Tepeyac. Nom de la colline où la Vierge est apparue au Mexique, en 1531, à saint Juan Diego, un Indien appelé par sa tribu « l'Aigle qui parle ». À Gainesville, nous avons été touchés par la confiance que les migrants faisaient à Marie de Guadalupe. Pas seulement les Mexicains, mais la plupart des Sud-Américains. La mission Tepeyac sera notre laissez-passer sur ce vaste continent.

Un vrai défi ! L'Église nous envoie pour une mission itinérante d'évangélisation et de développement auprès des peuples les plus pauvres du continent sud-américain, soit seize pays et 70 000 km en trois ans, des États-Unis jusqu'au Brésil.

Nous prévoyons de nous installer avec notre bus au cœur des lieux où nous sommes appelés, aussi près des gens que possible, pour vivre la mission avec eux. Par notre expérience au Brésil, en France et aux États-Unis, nous nous sommes rendu compte que la meilleure façon de venir en aide à quelqu'un est d'avoir besoin de lui, pas de faire pour lui. À la différence d'une mission de présence à long terme, notre mission a pour but de susciter de nouvelles missions, de nouvelles communautés ecclésiales.

Notre désir et notre appel sont de nous arrêter trois mois dans les lieux les plus pauvres et les plus éloignés de l'Église, cela pour y annoncer l'Évangile et venir en aide aux pauvres de ce continent. Deux mois intenses avec des activités proposées pour les enfants, les jeunes, les couples, les personnes âgées, et un troisième mois consacré à la formation de relais ou de leaders, ces personnes qui assureront la continuité et la croissance de chaque mission. Plusieurs parrains nous soutiennent financièrement pour payer l'essence, la nourriture de base, sans oublier les couches ! L'autre partie de leur contribution servira à la construction de projets. Pour le reste, nous nous en remettons à la providence !

9

Retour à la case départ !

Novembre 2009

Retour à Gainesville

Dieu est bon ! Un an plus tard, en revenant sur les pas de notre première mission de couple, nous découvrons combien la grâce continue à agir à travers le Centre Jean-Paul-II. Des couples se sont mariés, la plupart des enfants ont reçu la première communion, certains pères de famille ont vécu une réelle conversion, des jeunes ont pris des responsabilités importantes dans le Centre. De nombreuses personnes ont trouvé un sens à leur vie grâce aux visites et au suivi des nouveaux missionnaires. Beaucoup grandissent dans la foi et nous évangélisent à leur tour !

Nous sommes aussi profondément touchés de voir comme notre nouvelle mission est importante pour nos frères de Gainesville. C'est un peu « leur » mission, le prolongement de ce temps passé au milieu d'eux. Combien nous supplient d'effectuer le détour nécessaire pour passer par leur village ?

Ce soir, plus de trente personnes défilent dans le bus pour nous dire au revoir, nous glisser une petite enveloppe « pour l'essence » ou pour leur famille, un petit sac à dos avec « quelques cadeaux pour les enfants ». Qui sait si d'autres « maisons roulantes » ne partiront pas un jour de Gainesville avec, à leur bord, des familles du quartier prêtes à évangéliser le continent !

Bénédiction et envoi en mission

Tout le quartier s'est réuni devant le Centre, autour du bus missionnaire. Le père William, un livre du rituel de bénédiction de l'Église à la main, parcourt l'extérieur du bus avec sa burette d'eau bénite. Il entre à l'intérieur du camion et bénit tous les recoins de notre nouvelle maison missionnaire. Il arrive tout au fond, dans l'oratoire du bus, et nous demande de nous mettre à genoux. Tout en consacrant ce lieu de prière à notre bien-aimé Jean-Paul II, il nous envoie en mission avec toute la tendresse de sa paternité. Enfin, il bénit le moteur et les pneus. Puis, tout le quartier fait la queue pour visiter notre petite maison roulante. Nous rendons grâce à Dieu pour ce moment tellement fondateur et symbolique de notre appel.

Le trailer n° 14, notre maison à Gainesville, avec, devant, notre voiture missionnaire : *el carrito de la Misericordia* (la petite voiture de la miséricorde).

Le cadeau de Roman après son opération : une peinture de la Vierge de Guadalupe sur la porte d'entrée de notre maison.

Tous les matins pour la distribution du café aux travailleurs de l'esquina avec le Mercy Wagon (petit wagon de la miséricorde) et la Vierge de Guadalupe.

Les premières processions de la Vierge Marie et la prière du chapelet dans les maisons de notre Trailer Park à Gainesville.

La mission du pain avec Martin et Juan Carlos. Un temps de mission durant laquelle la Providence Divine se rend palpable.

La célébration de la messe un dimanche matin au Centre Jean-Paul II.

Visite en prison : Hermès touché par la Miséricorde devient notre relai missionnaire auprès des autres prisonniers.

Juan Carlos et notre petit Théophane

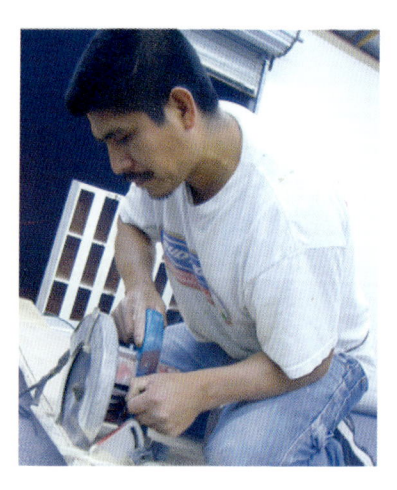

Isaac en pleine construction de l'autel de la chapelle du Centre Jean-Paul II

Notre feuille de route pour la Mission Tepeyac durant 3 ans

El Carrito del Tepeyac : notre maison roulante missionnaire décorée de l'histoire des apparitions de la Vierge de Guadalupe au Mexique.

Construction de la chapelle Saint-Etienne avec des jeunes de la rue dans un bidonville de Monterrey au Mexique.

Les fruits de notre mission dans le petit village perdu de la Florida au Nord du Mexique.

Adrian, peu de temps après sa conversion, lors de la procession du dimanche des Rameaux au Mexique

A l'intérieur du *Carrito del Tepeyac* lors de la visite de Monseigneur Pablo Vizcaino, président de la Conférence Episcopale du Guatemala.

Bénédiction de la Clinique du Tepeyac au Guatemala par l'évêque du diocèse.

Visite d'un bus missionnaire

Notre bus missionnaire fait un peu partie de la famille. Il est appelé à jouer un rôle très particulier dans la mission. Nous avons décoré les côtés extérieurs de représentations de saints, du pape. Deux fresques réalisées par une amie illustratrice racontent les apparitions de la Vierge de Guadalupe. À chaque lieu de mission, nous passerons un bon moment à faire visiter el Carrito del Tepeyac. Un formidable moyen d'évangéliser !

Mais bienvenue à bord ! La pièce principale, à l'avant du camion, nous sert de salle à manger et de chambre d'amis. C'est l'endroit où nous recevons les visiteurs. La table sur laquelle nous prenons nos repas se baisse pour accueillir le lit réservé aux amis. L'espace comprend également les fauteuils de voyage pour Rena et les enfants. En guise de décoration, on peut imaginer quelques objets, tels une guitare accrochée au plafond, un accordéon posé sur la banquette, une bénédiction du pape et quelques photos de saints aux murs pour se donner du courage...

Le coin cuisine se compose d'un évier à deux bacs avec des placards pour ranger assiettes, verres, spaghettis et boîtes de conserve. Nous avons même une gazinière avec un petit four. La photo de sainte Bernadette surplombe le tout.

Sur les différents murs sont accrochées l'image de la Vierge de Guadalupe et les photos des parrains qui financent cette mission par leurs dons. Nous ne manquerons pas de prier pour eux.

Nous traversons le couloir pour arriver au fond du bus, dans le lieu le plus sacré : l'extraordinaire oratoire mobile Jean-Paul II, où nous prions matin et soir. Et accessoirement, aussi, notre chambre à coucher ! Un matelas est caché dans l'un des placards de la pièce.

De l'autre côté de la pièce, le lit de Théophane est placé sous la protection de Benoît XVI, qui veille joyeusement sur son futur successeur ! Le lit à barreaux de Silouane lui fait face, favorisant les discussions et les batailles de nounours d'un lit à l'autre.

Plusieurs saints veillent sur nous : mère Teresa, Damien de Molokaï, Irrmã Dulce, saint François, saint Vincent de Paul et Jean-Paul II.

Thanksgiving

Il est déjà tard. Théophane et Silouane, nos deux garçons âgés respectivement de 2 ans et 8 mois, dorment au fond du bus.

Nous sommes à la veille de Thanksgiving, fête américaine au cours de laquelle le pays rend grâce à Dieu pour une année de bienfaits. Oui, nous Lui rendons grâce ! Après plusieurs mois de préparatifs en France, au Brésil puis aux États-Unis, le grand jour du départ est arrivé ! À cette joie se mêle la tristesse de laisser nos frères immigrés de Gainesville, avec lesquels nous avons travaillé pendant deux ans.

Nous ressentons aussi l'angoisse de l'inconnu. Un continent entier à traverser, des frontières à passer, des milliers de gens à rencontrer : quelle folie pour les hommes ! Pourtant, nous avons confiance en la sagesse de Dieu, qui nous a appelés à cette mission.

L'au revoir de José

Il est 6 heures du matin, il pleuviote, les enfants et Rena dorment encore. Romain prépare le bus pour le lointain voyage jusqu'en Louisiane.

Au moment de sortir du bus pour les dernières vérifications, un coup de phare. Une famille d'amis est là, en voiture, qui nous attend. José, le père, confie au missionnaire :

– Je ne pouvais pas rester au lit. J'étais inquiet de savoir comment tu allais faire pour manœuvrer ton bus... En fait, je voulais vous dire au revoir une dernière fois.

Il le prend dans ses bras, lui tend une statue de la Vierge de Guadalupe : « Bonne route, mon frère ! »

Une autre famille du quartier est présente également, les enfants enroulés dans des couvertures. Romain prend la route le cœur gros.

10

Visa de dix ans pour le Mexique

Décembre 2009

« *Que Dieu vous accompagne !* »

C'est la frontière la plus traversée au monde. Cela fait quatre jours que nous voyageons aux États-Unis. À son approche, la tension monte. Les douaniers, omniprésents, sillonnent les environs, à la recherche d'immigrés clandestins.

Avec notre bus, nous nous rapprochons aussi du pays de la Vierge de Guadalupe. Les décorations de notre « maison sur roues » nous valent de nombreux sourires de la part des automobilistes que nous croisons.

Notre tour arrive de franchir le poste-frontière. Nous avons prié des rosaires entiers pour chacun des officiers. Nos prières sont exaucées au-delà de toute

espérance ! Les douaniers sont fascinés par notre véhicule transformé en maison missionnaire :
– Vous êtes missionnaires ? De quelle religion ? Catholiques ? C'est bien, ça ! Passez, s'il vous plaît, et que Dieu vous accompagne !

Cerise sur le gâteau, notre visa nous est accordé... Un visa de dix ans pour el Carrito del Tepeyac ! Les missionnaires qui nous ont précédés dans ce pays ont décidément bien travaillé !

Nuevo México, la « citadelle » introuvable

Nous roulons en direction de Monterrey, la troisième ville du Mexique avec plus de 3,8 millions d'habitants. Depuis quelques années, la Communauté Saint-Jean est présente dans le Municipio de Guadalupe, la zone périphérique la plus pauvre de l'agglomération. Lors de notre passage au Brésil, le père Juan, ancien prieur mexicain de Salvador de Bahia, nous a bien recommandé d'y faire une étape.

Après quelques jours passés avec les frères, nous faisons route vers notre lieu de mission. Quel combat pour y arriver ! De nuit, sous la pluie, dans les petites rues du bidonville, notre maison roulante grimpe petit à petit la colline pour arriver dans le quartier le plus haut, le plus perdu, le plus pauvre. Il faut jongler entre les lignes électriques clandestines de basse hauteur, les demi-tours dans les rues étroites et les trous dans la chaussée. Finalement, après plus d'une heure à demander notre chemin, nous arrivons dans le bidonville de Nuevo México. Depuis ce jour, en souvenir de cette arrivée mémorable, Théophane répète à Romain, dès qu'il prend le volant :

– C'est à droite, et puis à gauche, et puis à droite, papa !

Nous sommes tout de suite frappés par la pauvreté de certaines maisons et par la joie des enfants dans la rue. Ce quartier a son histoire. Les gens sont arrivés ici par nécessité, ne trouvant pas d'endroit où vivre dans la grande ville de Monterrey. Ayant repéré des terrains libres à flanc de colline, ils y ont bâti leur maison, mais le climat est complètement imprévisible. Un jour il peut faire très chaud, et le lendemain très froid. Angela nous raconte : « C'était vraiment difficile. Il y avait de la boue partout, des voitures venaient nous déposer de l'eau, il n'y avait pas d'électricité. »

Aujourd'hui, le quartier a un peu changé d'aspect, et certains habitants, au prix de nombreux efforts, ont réussi à construire des maisons dignes de ce nom. Cependant, certaines restent très sommaires, sans chauffage, sans accès à l'eau ni à l'électricité. En nous voyant arriver, beaucoup nous proposent généreusement leur maison :

– Ce n'est pas grand, mais, tous serrés, on se tiendra chaud. Il doit faire si froid dans votre bus !

C'est devant les souffrances de nos petits frères que nous nous rendons compte combien nous sommes gâtés et que, bien souvent, nous l'oublions. Notre cœur se serre et la certitude se fait toujours plus grande que le plus beau cadeau que nous puissions leur apporter n'est ni l'or ni l'argent, mais le seul don qui perdure : Jésus-Christ.

El techito et les enfants du quartier

Notre maison roulante fait l'effet d'un aimant. Trois enfants se pressent à la porte du camion :
– Quand commence-t-on à jouer ?
– Allez chercher vos copains, nous arrivons ! répond Romain.

Nous les retrouvons au Techito, ou « le petit toit », construit il y a quatre ans par des missionnaires venus des États-Unis. Ce petit abri composé d'un mur et d'un toit de tôles ondulées sert aux frères de Saint-Jean pour réunir les enfants du quartier par mauvais temps. C'est là que nous avons rendez-vous ce samedi après-midi pour rencontrer les enfants du catéchisme.

Quelle surprise ! Une cinquantaine de gamins nous attendent devant la chapelle avec, dans les yeux, une joyeuse impatience. Et nous ne sommes que deux catéchistes ! On démarre par un temps de prière et de chants. Les enfants sont ravis d'apprendre de nouvelles mélodies, de taper dans leurs mains et de suivre les chorégraphies de Rena. Théophane et Silouane deviennent vite les petits amis de tous. Après un récit mimé de la Bible, nous faisons prier tous les enfants ensemble.

À peine leur signe de croix terminé, les garçons supplient d'organiser une partie de foot. Émerveillées, les filles écarquillent les yeux devant les boîtes remplies de perles de Rena.

Nous percevons peu à peu le potentiel de ce lieu et de cette communauté. Avec quelques améliorations, ce Techito pourrait bien devenir une petite chapelle, et ce quartier un lieu privilégié de mission. Nous rendons grâce à Dieu de guider nos pas là où Il veut que Son règne grandisse.

Première nuit à Nuevo México

Après ce premier après-midi de catéchisme avec les enfants et quelques visites, notre cœur nous murmure doucement que c'est bien ici que Notre-Dame de Guadalupe veut que nous arrêtions notre bus missionnaire.

Nous présentons ce projet à don Rafael, 54 ans, mécanicien, gardien de nuit et « chef du quartier », même s'il préfère son titre honorifique de « juge auxiliaire ». Avec un regard plein de bonté, il répond simplement :

– C'est bien que vous veniez parmi nous. Merci !

Il nous indique un petit bout de rue entre deux maisons où nous pourrions installer notre bus.

Et voilà, le soir même, nous y sommes ! Nous couchons Théophane et Silouane. Le bus est vraiment une maison magique ! Alors que nous sommes dans un des quartiers les plus pauvres d'une ville inconnue, les enfants sont toujours chez eux, dans leurs lits, avec leurs habitudes. La pluie danse sur le toit, les berce jusqu'à ce qu'ils s'endorment, heureux.

À la prière du soir, nous rendons grâce à Dieu pour cette nouvelle mission qui s'ouvre à nous. S'Il le veut, nous resterons dans ce quartier pendant trois mois. Les objectifs que nous avons fixés avec les frères de Saint-Jean et le curé de la paroisse la plus proche consistent à évangéliser par des visites quotidiennes, construire une petite chapelle, proposer le catéchisme aux enfants, effectuer des activités de rue, lancer un groupe de prière, prier le chapelet et organiser des processions à travers les rues. Nous nous couchons, impatients d'être demain avec une énorme envie de démarrer.

Premier miracle de la Guadalupe

Au fur et à mesure des visites, nous commençons à connaître nos voisins. C'est la seule manière de comprendre les spécificités du lieu et la vie des habitants. Aujourd'hui, il fait froid. Une musique mexicaine résonne à la porte de la petite maison en taule où nous frappons. Quelques instants plus tard, Rosario débarque, tremblant de froid ou d'alcool. Nous discutons un moment. Vivant ici depuis plusieurs années, il a une femme, deux enfants et pas de travail. À la fin de la visite, quand nous lui proposons de prier, il ouvre les yeux un peu plus grands et nous demande :

– Je peux vous montrer ma Guadalupe ?

Il va chercher chez lui une grande statue de Notre-Dame de Guadalupe. Nous prions et supplions la Vierge de donner un travail à notre voisin. Le lendemain, Rosario part comme tous les jours chercher du travail. Le soir, il vient nous voir en nous embrassant les mains. Grâce à Marie, il a trouvé un emploi ! C'est à travers ces petits miracles que la Vierge ouvre le chemin de la mission.

Chaque dimanche soir, un portrait de la Guadalupe sillonne les rues du bidonville accompagné de torches, de fleurs et de chants. Lors de cette procession, nous nous arrêtons dans les endroits les plus « critiques » du quartier pour demander à Marie de bénir le bidonville et ses habitants. Après ce temps de mission dans la rue, la Vierge entre dans une maison pour y rester une semaine. Nous prions le chapelet dans cette maison et confions à la Vierge les intentions des habitants. À tour de rôle, les familles du bidonville s'inscrivent pour recevoir la Vierge chez elles. Il y a des demandes pour une année entière ! Par ce simple chapelet, la meilleure missionnaire de Dieu convertit doucement les cœurs du bidonville et sème la paix.

« *Une chapelle à nous !* »

Assez rapidement, nous nous rendons compte que la communauté a besoin d'un lieu pour se réunir, prier et se former. Ce lieu doit être beau, agréable pour que le quartier puisse en être fier.

Le Techito qui abrite les enfants du catéchisme est une bonne base, mais il y fait rapidement froid. Autres inconvénients : les chiens viennent y dormir et faire leurs besoins, tandis que les hommes qui boivent s'y réunissent le soir. Après avoir pris conseil auprès des frères de Saint-Jean et du curé de la paroisse, nous décidons de transformer le Techito en chapelle. Pour des raisons de coût, d'esthétique et de climat, nous optons pour une construction en bois. Après avoir dessiné les plans, calculé le matériel nécessaire, il nous faut surtout acheter le bois. Avec le frère José, nous parcourons la ville pour savoir où nous procurer le matériel de construction. Finalement, après avoir discuté et évangélisé le patron d'une boutique, nous obtenons une bonne réduction : la moitié du prix initial !

Le bois arrive. Nous sommes juste deux pour démarrer le chantier, mais, petit à petit, les hommes sortent de leur maison :

– Je peux vous donner un coup de main ?

Nous nous retrouvons rapidement à une dizaine de travailleurs. Une bonne partie de cette fière équipe est constituée de gars ayant des problèmes d'alcool. Certains sont même clairement connus pour être les personnes « problématiques » du quartier, tel Ferdinand, surnommé « le Venin ». Il règne pendant toute la journée une ambiance bon enfant, où chacun y met du sien pour couler la dalle de béton, lever les murs, planter des arbres. Les enfants et les femmes nous regardent en faisant quelques commentaires. C'est l'occasion pour Romain de se familiariser avec les prénoms et de créer des liens d'amitié avec tous les hommes.

En une journée, la chapelle voit le jour ! Établie en plein milieu du bidonville, la construction de l'église unit et évangélise à elle seule une bonne partie des hommes du quartier. Quelle joie de voir les habitants du bidonville s'approprier ce lieu et en faire « leur » chapelle ! Cecilia, une Mexicaine d'une trentaine d'années élue « gardienne de la chapelle », s'exclame :

– Ça y est, nous aussi on a notre temple. Tous les autres quartiers autour avaient le leur, et il était temps de construire notre église ! De plus, notre chapelle est la plus petite, mais c'est de loin la plus belle !

Nous prenons conscience combien il est important pour la « dignité » d'un quartier pauvre d'avoir son « lieu de rencontre avec Dieu », « sa » chapelle, née de l'effort de toute la communauté et sous les yeux de tous. Elle sera sans doute le fruit le plus visible et le plus beau de notre séjour à Monterrey.

La relique de san Esteban

Nous souhaitons maintenant célébrer la première messe. L'un des prêtres de la communauté Saint-Jean finit par accepter en nous provoquant :
— Et s'il n'y a que quatre personnes ?
Le défi est lancé ! Nous rendons visite aux habitants pendant toute la journée, placardons des affiches dans tout le quartier. Le soir, juste avant la messe, le père Juantzin nous annonce :
— Je célébrerai la messe de san Esteban.

D'un coup, Romain revoit Richard Borgman, aux États-Unis, lui remettant avec beaucoup d'émotion la relique du premier martyr de l'Église et lui confiant :
— Je ne sais pas pourquoi, mais, dès que j'ai eu cette relique, j'ai su qu'elle était pour toi !

À présent, Romain comprend. Il court chercher la fameuse relique dans l'oratoire du bus et revient la déposer sur l'autel ! Le prêtre est aussi impressionné que nous par cette belle coïncidence.

La chapelle est pleine à craquer ! Les enfants sont tous assis par terre devant l'autel et les adultes s'entassent derrière. Le père Juantzin n'en revient pas et commence son homélie par un trait d'humour :
— Qui est l'architecte de cette chapelle ? Pourquoi est-elle si petite ?

La messe est belle, la communauté se réjouit de se retrouver pour la première fois ici, dans son quartier. Notre cœur exulte, émerveillé devant la naissance de cette nouvelle église. À la fin, toute la communauté, enfants, adolescents et adultes, se presse en file pour vénérer la relique. Tous embrassent avec ferveur le petit bout d'os. Saint Esteban a si bien pris possession de cette petite chapelle et des cœurs de cette belle communauté que le père Juantzin glisse à l'oreille de Romain :

– C'est ainsi que s'appellera la chapelle, n'est-ce pas ? San Esteban ?

La relique que Romain avait reçue avec tant de joie restera dans cette chapelle. Ce n'est pas une démarche facile pour lui, mais il en va ainsi des reliques : elles se servent des missionnaires pour continuer à évangéliser toutes seules !

Souvenir de la mission Tepeyac

L'idée nous vient tout droit de saint Louis-Marie Grignion de Montfort, l'un de nos maîtres de la mission. Ce missionnaire au cœur de feu installait sur chaque lieu une grande croix commémorative de la mission. Une manière toute simple pour les habitants du village de se souvenir de ce temps privilégié des missionnaires et, pour certains, de ne pas oublier ce temps de conversion et le don de leurs vies au Christ.

À l'intuition de saint Louis-Marie nous ajoutons une touche de don Bosco. Ce saint éducateur savait bien que l'ennemi principal de la jeunesse est l'oisiveté. Afin d'éviter cela, il passait chaque jour dans les rues de Turin pour inviter au jeu, au travail et à la prière. C'est donc avec les jeunes qui traînent dans la rue du bidonville que nous plantons cette croix, symbole de la mission Tepeyac. Forgée par un gars du quartier, elle trône devant la chapelle en souvenir de ce que Dieu a donné.

Le mystérieux graffiti

Un matin, Romain découvre consterné un énorme graffiti sur la porte de la chapelle. Le bâtiment a beau faire l'unanimité, nous sommes dans un des coins les plus pauvres de Monterrey et les jeunes des gangs du quartier ne sont pas des enfants de chœur. Les murs alentour sont maculés des graffitis du gang Stoner. En se renseignant de tous côtés, Romain finit par découvrir le nom de l'artiste.

Un soir, en pleine rue, il s'approche de lui :
– J'ai vu que tu avais un certain talent. J'ai besoin de toi demain. Pourrais-tu me donner un coup de main pour la chapelle ?

Le lendemain, le fameux « grapheur » arrive avec quelques copains. Nous leur expliquons l'urgence d'installer une pancarte « Chapelle catholique San Esteban ». Les gars sont prêts à nous aider. Pendant qu'ils peignent, nous discutons de l'importance de préserver « la beauté de notre chapelle ». Après un moment, Romain leur lance :
– Et si les gars des quartiers alentour venaient taguer votre chapelle, que diriez-vous ?

Révolution ! Impensable ! Au cours de la discussion, il leur propose de devenir les gardiens des murs de la chapelle. Le lendemain, le graffiti sur la porte a disparu.

« C'est le même dieu partout ! »

Avec la construction de la chapelle San Esteban, plusieurs projets voient le jour. Plus que jamais en Amérique latine les Témoins de Jéhovah et autres sectes sont omniprésents dans les lieux déshérités, délaissés par l'Église. La population étant très peu formée et ayant rarement accès aux sacrements, l'argument « C'est le même dieu partout ! » suffit à faire basculer un catholique dans une Église prosélyte quelconque.

Pour contrer cette vague de relativisme, nous démarrons un groupe de formation sur l'Église catholique en éclaircissant tous les points de confusion : la Vierge est-elle vierge ou pas ? Les saints sont-ils des idoles ? D'où vient la Bible ? Qu'est-ce que la confession ? Ce petit groupe réunit une quarantaine de personnes chaque semaine et, en accord avec le curé, il permet la préparation aux sacrements de la première communion et de la confirmation.

Les pop-corn

Un matin, après la messe au couvent des frères de Saint-Jean, Hermano José arrive avec un énorme sac contenant une centaine de petites pochettes de pop-corn. Que faire de ce cadeau pour le moins inattendu de la providence ? Une inspiration nous vient : transformer la chapelle San Esteban en salle de cinéma avec distribution de pop-corn à l'entracte !

À plusieurs reprises, les enfants du bidonville ont droit à une séance de cinéma. Chaque projection démarre par un moment de prière ensemble. Nous veillons à choisir des dessins animés et des films différents de toutes les séries télévisées à l'eau de rose propres à l'Amérique latine. Nous en profitons ensuite pour donner une petite catéchèse.

Jaloux du privilège des enfants, les adultes et les adolescents réclament une projection pour eux. Ils sont tellement nombreux que la chapelle ne peut les accueillir tous ! La projection a finalement lieu en pleine rue. Tous les lampadaires du bidonville se trouvent soudain coupés, juste pour le temps du film, par un miracle que nous n'avons toujours pas élucidé !

– Comme en vrai ! s'exclame Edgar, un gars d'un gang assis sur le trottoir avec son sac de pop-corn à la main.

Fortifier les couples

Beaucoup de familles de Monterrey sont d'origine rurale. Elles sont venues à la « grande ville » pour chercher du travail afin d'échapper à la sécheresse et à la dure vie de la campagne mexicaine. Loin de leurs racines et de l'Église, les couples vivent ensemble sans se marier : Berta et Simon, parents de trois enfants ; Rosi, Manolo et leur premier bébé ; ou encore Cruz et Juan, sorti récemment de prison, qui ont vingt ans de vie commune !

Avec l'aval du curé, nous proposons une préparation au mariage, chaque dimanche, à une dizaine de couples d'âges variés. Ils se réunissent pour suivre différents enseignements : mariage et vie de prière, les langages de l'amour, la paternité et la maternité responsables, la fidélité, le pardon.

Imprégnés des réalités de notre quartier, souvent machistes et violentes, nous savons bien la valeur de nos paroles pour chacun de ces couples. Quel défi de préparer au mariage des couples si différents ! Lors de la messe de clôture de la mission, il a été remis à chacun un diplôme. Les mariages sont prévus pour le mois de mai prochain.

Le tour de magie

La nuit tombe. Il fait froid. Une cinquantaine de jeunes se retrouvent comme tous les samedis soir devant la petite épicerie, en face de notre bus. Pendant qu'une bière mexicaine circule parmi eux, certains se passent un petit pot de peinture avec de la colle à sniffer. L'ambiance devient vite pesante. Soudain, cinq patrouilles de policiers débarquent au bout de la rue dans un nuage de poussière. En moins de trois secondes, toute la bande disparaît. Les camionnettes de police passent en criant dans le mégaphone :

– Vous êtes tous des rats, vous ne valez pas mieux !

La plupart des jeunes se terrent les uns contre les autres, derrière et sous notre bus.

À partir de cette nuit, nous décidons d'offrir une solution de rechange. Les premiers contacts s'établissent à travers des tours de magie exécutés dans la rue. Les jeunes accourent et se rassemblent, captivés de voir les pièces disparaître et les foulards changer de couleur. Peu à peu, le respect et l'amitié grandissent. Nous leur lançons une invitation : quatre rencontres, juste pour les jeunes, le mercredi, de 20 heures à 22 heures, dans la chapelle San Esteban.

Le premier mercredi, nous laissons Théophane et Silouane à une voisine de confiance, dans le bus, et partons préparer la chapelle, un peu inquiets. Vont-ils venir? La petite chapelle en bois se remplit progressivement. La musique démarre, suivie de sketchs. Des fous rires fusent et les jeunes se regroupent même aux fenêtres pour écouter.

En quatre rencontres, nous balayons les thèmes essentiels d'un programme d'évangélisation de la vie affective et de la sexualité (EVA), élaboré par dom Dominique You, au Brésil. À chaque soirée, nous sommes surpris par le nombre croissant de jeunes, principalement des garçons.

Lors de la dernière rencontre, la chapelle est pleine à craquer. Plus d'une centaine de jeunes sont présents. Pour conclure ces quatre soirées, nous recevons un invité de marque. Un frère de Saint-Jean passe avec Jésus-hostie au milieu de la bande, celle-là même qui se cachait de la police derrière notre camion. Nous sommes au Ciel devant un si beau miracle!

Le relais de la mission à Monterrey

La communion que nous vivons avec la communauté des frères de Saint-Jean est une vraie grâce! Celle-ci nous permet d'établir un véritable relais pour une grande partie des projets mis en place dans le bidonville de Nuevo México, situé non loin de leur couvent.

Une fois par semaine, un frère se charge d'animer la prière de la procession et du chapelet dans les maisons du bidonville. Frère José se rend chaque mercredi soir pour donner une formation humaine et spirituelle à une cinquantaine de jeunes. Les missionnaires serviteurs de la Parole, présents dans une paroisse proche, prennent la responsabilité du groupe d'étude biblique et de préparation aux sacrements des adultes. Enfin, Emilio et Julia, couple d'oblats de la communauté Saint-Jean, viennent chaque dimanche suivre ceux qui se préparent au mariage.

C'est un réconfort pour nous de savoir que les semences de la mission pourront grandir après notre départ !

La famille grandit !

La mission remplit de joie notre couple et notre famille. Théophane est tellement heureux de découvrir de nouveaux visages et de nouveaux amis ! Les petits enfants du quartier viennent régulièrement frapper à la porte du bus en appelant « Tiofane ». Ils ont toujours un bonbon ou une sucette à lui donner. Il est un peu le roi. Son papa et sa maman se sentent petits à côté de ce grand missionnaire qui sait si bien gagner les cœurs. Il aime bien « faire l'école » avec sa maman et jouer avec son petit frère.

Silouane a toujours le sourire et les gens craquent devant ce petit garçon si joyeux. Il est vraiment coquin et, ce qu'il préfère par-dessus tout, c'est faire la « bagaille » avec son grand frère, ainsi que de courir derrière les chiens et les chats. Il commence à balbutier quelques mots.

Comme les enfants, nous sommes comblés de joie et attendons notre troisième ! Nous commençons à préparer un petit espace pour l'accueillir dans notre maison roulante. Cette première mission à Nuevo México nous aura bien confirmés dans notre appel et notre vocation.

De nouveau sur la route...

Après un départ très émouvant avec les habitants du bidonville et la communauté Saint-Jean, nous voilà repartis sur la route.

Nous traversons une bonne partie du Mexique pour nous rendre dans l'État de Guanajuato, au centre du pays. Notre camion a même le privilège de passer par les ruelles de San Miguel de Allende, ville classée au patrimoine mondial de l'humanité de l'Unesco. Chaque coin de rue un peu resserré nous donne la terrible impression que nous allons embarquer avec nous un bout du trésor de l'humanité ! Notre destination est la petite ville d'Estacion Joaquin, près d'Irapuato. Après Gainesville, capitale mondiale du poulet, nous passons à la capitale mondiale de la fraise ! Nous remercions la providence pour ce petit clin d'œil : vivre une grossesse à proximité de la plus grosse ville productrice de fraises est un vrai luxe !

Nous avons pris contact avec une famille d'amis mexicains rencontrée aux États-Unis. Le prêtre attend notre arrivée pour que nous choisissions ensemble le lieu de notre prochaine mission parmi les treize villages de son secteur paroissial.

11

La Florida, un village que l'on pensait perdu

« *Un village dur comme la pierre* »

Le père Juan, un bon prêtre mexicain d'une quarantaine d'années, tient à nous prévenir qu'en choisissant le village le plus pauvre et le plus fermé à la foi de son secteur notre mission ne sera pas facile :
– Un village dur comme la pierre ! J'ai essayé de mille façons, en m'énervant, en étant doux comme un agneau. Rien à faire. À La Florida, j'ai toujours les mêmes quatre vieilles dames qui pointent leur nez quand je viens célébrer !
Il ajoute avec philosophie :
– Je vous donne quinze jours. Si vous n'en pouvez plus, on changera de village !

La Florida n'a rien à voir avec les beaux hôtels, les palmiers et les plages de sable fin de la Floride, aux États-Unis ! C'est un village reculé, perdu entre quelques champs de brocolis et des cactus, où vivent à peu près cinq cents habitants, sans compter les vaches, les chèvres et les coqs de combat ! Si tout se passe bien, nous sommes là pour deux mois…

Un enfant pour ouvrir les cœurs

Alors que notre camion débarque dans la poussière des rues en terre du village, une vingtaine d'enfants se pressent autour du camion. La porte s'ouvre et Théophane descend à toute allure le marchepied, saute à terre et se retrouve face à face avec eux. Tout blanc, tout blond, rien à voir avec les bouilles au teint mat des Mexicains de La Florida ! Après une seconde d'hésitation, il nous regarde, dévisage les enfants devant lui et, au lieu de remonter dans le camion, commence à courir droit devant lui en rigolant.

Tous les enfants du village se mettent alors à lui courir après. La course dure quelques instants jusqu'à ce que notre garçon se réfugie dans la petite chapelle du village. La troupe s'engouffre à grands cris derrière lui. À peine les enfants sont-ils entrés que Théophane leur demande à tous de s'asseoir. Une fois que tout le monde est assis, ce petit bout d'homme de 2 ans insiste pour qu'on fasse silence. Alors que le calme s'est établi et que les enfants se regardent en se demandant ce que peut bien leur vouloir ce petit gars tout blond, Théophane commence à parler de Jésus et de la Vierge en montrant les statues de la chapelle :

– Jésus a faim et, le pauvre, il n'a pas d'argent ! Et la Vierge aussi, elle pleure !

Incroyable ! Du fond de la chapelle, nous sommes scotchés ! En nous regardant, nous avons tout simplement envie de retourner dans notre bus et de nous servir un bon verre de Coca avec des glaçons en attendant que le missionnaire Théophane finisse le travail ! Quelques instants après les exhortations apostoliques de notre fiston, un gars d'une dizaine d'années vient nous voir, l'air médusé :

– Votre fils... il a 2 ans ? Et il sait déjà prier et raconter des aventures de Jésus ?

Jacqueline, une petite fille vivant dans une des maisons à côté de la chapelle, nous lance avec impatience :

– Bon, si vous êtes de vrais missionnaires, quand est-ce qu'on commence les activités ?

Rapidement, nos garçons se font de nombreux amis et deviennent les mascottes du village. Théophane se débrouille déjà très bien en espagnol. Quant à Silouane, il est aux anges au milieu des vaches, des chèvres et des moutons. Il est justement dans sa phase d'apprentissage des cris des animaux, mais il continue à parler le français avec son papa et le portugais avec sa maman.

Nous nous rendons compte à quel point la mission est notre élément. C'est là que nous trouvons un réel sens et un véritable équilibre pour notre famille.

Naissance de Juan Diego

Le bébé devrait pointer son nez ces jours-ci. Nous sommes tellement heureux et impatients qu'il ou elle arrive !

Quelques jours avant la naissance, les femmes du village se concertent en secret pour organiser une petite fête pour la maman et son bébé : un baby shower, comme aux États-Unis ! Nous recevons, en abondance, des mains de nos frères pauvres, des couches, des habits, des draps, des biberons, absolument tout le nécessaire pour accueillir le nouveau-né. Merci, mon Dieu, pour ton cœur si attentif aux besoins de tes enfants missionnaires !

Dans ce lieu isolé, nous réussissons à trouver un hôpital de qualité avec un bon médecin. Le docteur, tellement gentil et attentif, a apporté avec lui son iPod et un peu de musique brésilienne. L'accouchement a donc lieu sur fond de samba ! De quoi rappeler à ce petit bébé que, malgré sa nationalité mexicaine, son papa français et ses deux grands frères américains, il est bel et bien brésilien !

Il s'appellera Juan Diego, ayant, comme son saint patron, un lien tout particulier avec la Vierge de Guadalupe. Messager de sa « petite enfant », comme Juan Diego aimait appeler la Vierge, il a reçu de la part de Notre-Dame un cadeau précieux : l'impression de l'image de la reine du Ciel sur son manteau d'Indien. Ce signe a permis de convaincre l'évêque de construire une basilique au Mexique où, aujourd'hui encore, plusieurs milliers de pèlerins viennent chaque année.

Rena est fatiguée, mais heureuse. Elle prend du temps pour dormir et s'habituer à son petit « Aigle qui parle ». Les villageois sont touchants par leurs cadeaux, leurs visites et leurs attentions envers elle. Théophane et Silouane découvrent petit à petit que le « bébé de maman » est aussi « leur petit frère ». Ils sont le premier fan-club de Juan Diego et ne perdent pas une occasion de lui chanter des chansons quand il pleure ! Il n'est pas très facile quand même pour eux de ne pas faire de bruit dans le bus quand le bébé dort...

L'accueil de ce nouvel enfant est, pour notre famille et pour la mission, une source de grandes grâces !

Frapper aux portes et ouvrir la sienne

Nous le savons. Un des aspects essentiels de la mission reste la visite des familles. Avant de « faire », il est vital d'« être » là, gratuitement pour l'autre, pleinement attentifs à ce qu'il est et à ce qu'il vit. Nous partons ainsi chaque jour, avec nos enfants, sillonner les rues du village. Nous essayons de visiter l'ensemble des maisons en prenant du temps avec chacun. Cette étape nous permet de comprendre le lieu, le quotidien et les blessures du peuple vers lequel Dieu nous envoie. C'est aussi une manière de nous faire connaître des habitants et de gagner leur confiance.

Au fil des visites, notre camion devient le centre d'attraction du village. Chaque jour, nous recevons des hommes, des femmes et des enfants pour un conseil, une confidence, ou la proposition d'apporter un repas.

En ouvrant ainsi notre porte et notre cœur, en prenant le temps de nous réjouir et de consoler tous ces enfants de Dieu, nous accueillons Jésus lui-même...

Laissez venir à moi les petits enfants...

Javier est un des premiers pères de famille que nous rencontrons dans le village. Quand nous lui demandons de nous parler un peu de La Florida, Javier, sans hésiter, nous dit :
– Le plus grand trésor que nous ayons ici, même si, par moments, on aimerait les faire taire, ce sont nos enfants !
Effectivement, les enfants sont partout : dans les rues du village, autour de notre bus et, très vite, dans la chapelle. Leur joie et leur innocence sont pour nous une bénédiction et un domaine de mission privilégié. Néanmoins, nous avons parfois du mal à répondre à leurs attentes lorsque, à la porte du camion, ils nous pressent toute la journée de jouer avec eux
– Quand est-ce qu'on joue ?
Nous vivons une merveilleuse expérience de « paternité missionnaire » avec tous ces enfants de La Florida. Séances de dessin, spectacles de magie, parties de foot ou, simplement, notre présence dans la rue nous permettent d'agrandir considérablement la famille Tepeyac !

Une nouvelle espérance avec le rosaire

Les familles de La Florida se retrouvent souvent dans un grand déséquilibre dû au départ des hommes pour « le Nord », comme disent les gens ici. Autrement dit, les États-Unis ! La plupart des maris ou des jeunes gars du village partent pour quelques années de l'autre côté de la frontière pour y gagner de l'argent. L'intention initiale est de partir deux ou trois ans, de travailler le plus possible, de gagner de l'argent et, avec celui-ci, de construire une maison, d'acheter des animaux ou de quoi monter une petite épicerie.

Sur le nombre, certains reviennent selon les délais prévus, d'autres restent beaucoup plus longtemps et d'autres encore ne rentrent jamais. Combien d'histoires de femmes abandonnées par leur mari entendons-nous depuis notre arrivée ! C'est pour répondre à cette détresse que nous voulons commencer par la prière du chapelet dans les maisons. Les femmes de ce village ont réellement besoin de la force et de l'appui de la Vierge Marie.

Constatant que les adultes ne savent pas prier le chapelet, et voyant comme la chapelle du village est abandonnée, nous décidons d'y lancer un groupe de prière du chapelet avec trente femmes. Sept d'entre elles sont choisies pour être responsables de cette prière un jour de la semaine. Pour beaucoup, l'expérience de prier le chapelet transforme leur relation avec la Vierge. Doña Cruz, une femme de 60 ans, vient nous remercier, le cœur chargé d'émotion :

– Merci, car, après tant d'années, j'ai finalement appris à prier le chapelet de la petite dame de Guadalupe. Je me sens plus proche d'elle, maintenant !

Doña Cruz, comme beaucoup d'autres, vient déposer aux pieds de Marie les difficultés d'un quotidien difficile, les souffrances liées à la pauvreté, ses enfants, son époux et chaque jour qui commence.

Nous sommes témoins que Marie, la mère des pauvres et des petits, écoute et donne la consolation dont chacune a besoin. Nous sommes particulièrement touchés de voir que le chapelet n'est pas pour elles une simple répétition de paroles, mais un moyen de faire grandir leur foi, de rencontrer le Fils de Marie et de se laisser modeler par sa Mère. Aujourd'hui, cette communauté a été totalement renouvelée par la prière du chapelet. Après notre départ, nous savons que nous pourrons compter sur les femmes du village pour assurer ce temps de rencontre privilégié avec Marie, la mère du Ciel.

Sous le manteau de Marie

Après avoir sonné en fin d'après-midi la cloche de la chapelle, nous voyons arriver les femmes, les enfants et quelques hommes pour le chapelet du dimanche. Ils ont terminé de traire les vaches, de faire paître les chèvres. Quelques filles se chargent des torches de la procession tandis que je dépose dans les mains de deux hommes le tableau de la Vierge de Guadalupe. Un petit ampli nous permet de brancher une guitare et un micro pour la procession. Celle-ci grandit au fur et à mesure qu'elle parcourt les rues du village. Au milieu du bruit des vaches et des chèvres, Rena anime les chants à la Vierge.

Alors que nous arrivons devant la maison de Jessica, après quelques applaudissements, celle-ci brandit la représentation de Notre-Dame et la dépose sur une table, où trônent quelques fleurs. Dans ce coin de pampa mexicaine, la plupart des hommes, des femmes et des enfants de La Florida sont réunis. Théophane et Silouane sont assis dans la terre aux côtés de leurs nouveaux amis mexicains. Alors que les uns et les autres déposent leurs intentions de prières au pied de la Vierge de Guadalupe, il règne une paix et une tranquillité que seule la Mère de Dieu peut donner.

Pendant tout ce temps du chapelet, nous contemplons les visages de chacun de ces Mexicains. Pour un moment, le temps semble s'arrêter et le quotidien paraît un peu moins lourd à porter. Nous prions particulièrement, ce soir-là, pour les hommes partis de l'autre côté de la frontière, en demandant à Notre-Dame de Guadalupe de les couvrir de son manteau et de les protéger.

La nuit est tombée. Le chapelet est terminé. Jessica offre un verre de café à ceux qui restent. Nous rentrons à tâtons jusqu'à notre camion, alors que Théophane lance des « meuh » à toutes les vaches qu'il croise et que Silouane dort déjà dans sa poussette.

Une clôture pour accueillir Jésus

Construire une clôture, c'est la condition pour que ce petit village puisse accueillir le Saint-Sacrement dans sa chapelle. Quoi de mieux pour évangéliser les hommes du village qui considèrent l'église comme un truc de bonnes femmes ! La clôture ne se fera pas sans eux...

Au fil des jours, un petit noyau d'hommes accepte de participer. C'est l'occasion pour beaucoup de reprendre contact avec l'Église, de retrouver « leur » place désertée depuis si longtemps. Quelle joie de les voir approcher, proposer leur aide et, finalement, faire partie d'une belle chaîne de solidarité pour « la maison de Jésus » !

Aaron, un fermier d'une trentaine d'années, plongé dans l'alcool depuis trop longtemps, retrouve de nouveaux horizons dans les coups de pioche et les discussions. Il décide d'arrêter de boire et de se marier à l'église selon la loi de Dieu. Il boit tant qu'il peut, non plus de la tequila, mais chacun des enseignements et des temps de prières.

Lors d'un des chemins de croix, Aaron est touché par le Christ et change totalement de vie. Un samedi soir, après l'adoration, il vient nous trouver, accompagné de sa femme Mona, pour nous demander d'être témoins de leur mariage.

Une fois le chantier terminé, la plupart des hommes ayant participé acceptent de se confesser et retournent communier. Qui aurait dit qu'une simple clôture puisse faire tomber les barrières de cœurs endurcis !

La Florida missionnaire

Depuis des années, la cloche de la chapelle ne sonnait plus. Les pigeons s'étaient fait un plaisir d'installer leur nid dans le clocher. Eh bien, depuis quelques semaines, la cloche a repris du service et invite très efficacement les fidèles éparpillés aux champs, dans le village ou chez eux à rejoindre la Maison de Dieu matin et soir. C'est tellement fantastique de voir le village se réunir alors que la cloche a sonné par trois fois ! Certains ont eu le temps de se faire tout beaux, d'autres arrivent tels que la cloche les a trouvés, les sandales encore pleines de terre...

Depuis plusieurs jours, nous invitons les uns et les autres à participer au chemin de croix vivant dans les rues du village. C'est un projet un peu fou pour un petit village du fin fond du Mexique. Romain doit même interrompre une partie de foot pour inviter les jeunes et les hommes : sans hommes dans le chemin de croix, pas de Jésus, pas de soldats, pas de Pilate... pas d'action, quoi, et finalement pas de chemin de croix !

Le « casting » a lieu devant la chapelle. Premier miracle : la quasi-totalité des villageois s'est déplacée.

– Il nous faut un gars aux cheveux longs pour Jésus !

Tout le monde se tourne vers Adrian, un paysan du coin. Pas franchement un enfant de chœur, Adrian ! Mais, à notre surprise, il accepte.

– Dix personnes pour jouer les soldats ?

Les footballeurs lèvent timidement la main.

– Des femmes qui pleurent ?

Les anciennes du village sont désignées d'office. À croire que les villageois les ont régulièrement entendues manifester leur chagrin ! L'ensemble des acteurs est finalement réuni. Rena explique que ce n'est pas seulement une performance d'acteur : c'est aussi un véritable chemin de conversion personnelle.

Nous les invitons à poser un engagement spirituel : aller à la messe tous les dimanches et recevoir le sacrement de réconciliation. Tous acceptent. La répétition démarre à l'intérieur de la chapelle. Le reste du village se presse aux fenêtres pour apercevoir les uns et les autres perfectionner leur rôle.

Le lendemain, nous voilà tous déguisés, prêts à sortir dans les rues du village. Les plus durs à cuire, aidés par leur tenue, prennent soudain leur rôle à cœur. Jésus-Adrian, au fur et à mesure des stations, tombe pour de vrai avec sa croix. Sur son visage, on peut lire l'intensité avec laquelle il incarne son personnage. Alors que les femmes pleurent aux pieds de Jésus, nous surprenons certains soldats, les yeux emplis de larmes. Notre chemin de croix traverse les rues et plonge les habitants dans le silence et le recueillement. Alors que les soldats ont crucifié Jésus devant la chapelle, Rena invite chacun à s'approcher doucement et à toucher avec foi la couronne d'épines.

À la fin, les acteurs sont tellement enthousiastes que nous décidons tous ensemble que La Florida devienne missionnaire ! Durant tout le carême, ce village, considéré comme abandonné et fermé à la foi, va faire vivre cette expérience si forte de Jésus souffrant et mourant sur la croix pour chacun de nous dans les villages alentour. Plus de cinq cents personnes seront réunies pour le chemin de croix dans le village voisin. Nos amis sont devenus de vrais missionnaires.

Quand Jésus-Eucharistie touche le cœur des hommes du village

Pendant le chantier de clôture de l'église, Romain a pu discuter avec plusieurs hommes, les rendant davantage perméables à la foi. L'expérience du chemin de croix y est pour beaucoup. Voyant que ces grands gaillards sont de plus en plus réceptifs et demandeurs, nous lançons le groupe des Hommes adorateurs.

Quatorze hommes du village, tous pères de famille, travailleurs des champs, s'engagent pour une période d'un an. Chacun choisit un jour de la semaine pour venir visiter Jésus au moins quinze minutes, pour certains le matin avant d'aller aux champs, pour d'autres le soir au retour du travail.

José Guadalupe vient nous dire :

– Depuis que vous êtes arrivés, le village a beaucoup changé ! Pour beaucoup d'hommes du village, le dimanche était notre journée libre. Nous laissions notre femme avec les enfants à la belle-mère et nous allions boire entre copains. Maintenant, c'est différent : tous les gars sont à l'église le dimanche.

José Guadalupe fait partie des Hommes adorateurs. Il a choisi le lundi matin pour rendre visite à Jésus. Lors de sa première visite, tôt le matin, seul dans la chapelle avec Dieu, il nous confie avoir vécu une expérience hors du commun :

– C'était quelque chose de grand, que je n'avais jamais senti, j'avais envie de pleurer. J'espère que, pour les autres gars, ce sera pareil. En tout cas, moi je serai au rendez-vous tous les lundis matin !

La grâce du mariage pour vingt-deux couples!

Le village est en fête, tout le monde est sur son trente-et-un. Aujourd'hui, à La Florida, c'est jour de mariage pour vingt-deux couples! Cela a été un privilège pour nous d'entrer dans l'histoire de chacun, avec ses blessures, ses pardons à donner, ses joies, ses secrets. Après s'être préparés pendant plus d'un mois, ces hommes et ces femmes sont heureux. On refait les nœuds de cravate, on répète les consentements, on rassure les uns et les autres.

La cérémonie démarre. Devant tous, les vingt-deux couples prennent la ferme décision de s'engager devant Dieu et de devenir une famille chrétienne. Après une messe splendide, la fête résonne dans tout le village. Nous sommes invités de maison en maison, chez chaque marié, réalisant un incroyable marathon gastronomique! Chez Javier, le couple vient nous voir, très reconnaissant :

– Merci à Dieu et merci à vous. Si nous ne vous avions pas rencontrés, aujourd'hui, nous ne serions pas mariés!

Gloire à Dieu!

Jusqu'au banquet pascal

La semaine sainte est le point culminant de la mission Tepeyac. Le village est déjà plongé dans le mystère d'Amour d'un Dieu qui se donne jusqu'au bout pour nous sauver.

Le dimanche des Rameaux, nous suivons Jésus monté sur sa bourrique, acclamé par la foule. Le Vendredi saint, nous renouvelons l'expérience du chemin de croix vivant, qui se poursuit par une splendide veillée de la croix.

Alors que la chapelle est plongée dans les ténèbres, le crucifix repose sur une table basse. Des femmes de Jérusalem entrent en dansant pour oindre et parfumer le corps de Jésus. Elles invitent les paysans à venir recouvrir de pétales de roses le corps du Crucifié. C'est une manière toute particulière de dire « au revoir » à Jésus en espérant le jour de la Résurrection. C'est aussi un instant d'intimité où chacun peut, de manière très digne, demander pardon à son Sauveur.

Après une vigile pascale extraordinaire, le dimanche de Pâques fait vibrer notre village d'une joie nouvelle. Les enfants présentent une pièce de théâtre concoctée par Rena. Dehors, des tables nous attendent. Tout le village est réuni. Nous passons une bonne partie de l'après-midi à goûter les plats succulents préparés par chaque famille.

La communauté est profondément heureuse, célébrant la joie unique de former une seule famille : celle des rachetés par le Sang du Christ !

La première nuit avec Jésus

La clôture devant la chapelle étant achevée, le Saint-Sacrement peut enfin être laissé dans le tabernacle. Pour ce grand jour, tous les paysans des alentours se pressent à l'entrée du village. Le prêtre est présent et la procession démarre avec les enfants de chœur. Les trompettes et les tambours de la fanfare font résonner des chants religieux à la sauce mexicaine. Alors que le Saint-Sacrement circule dans les rues, il est accompagné d'applaudissements et de villageois à genoux. Les visages pleins d'émotion reflètent l'amour des habitants pour ce Dieu vivant fait tout petit dans l'hostie.

Depuis plusieurs jours, toutes les femmes du village ont préparé l'autel, les fleurs et une immense tente pour accueillir la messe solennelle. À la fin, le padre Juan porte le ciboire dans ses mains avec grande émotion. De la place du village jusqu'à la chapelle s'est formée une grande haie d'honneur. Tout le village est à genoux dans la poussière, applaudissant Jésus venant « habiter avec eux ! ». La ferveur et l'amour de l'Eucharistie sont tels que ce bon prêtre mexicain en pleure de joie.

Ayant déposé Jésus dans le tabernacle, la fanfare envahit la petite chapelle. Les murs manquent de s'écrouler sous les trompettes et les tambours. Au sortir de la chapelle, une grande fête nous attend. Chaque famille a installé une table et offre à tous un plat typique. Une villageoise, tellement heureuse de recevoir Jésus, s'exclame :

– Pour sa première nuit avec nous, il faut accompagner Jésus. Nous passerons la nuit ici !

La nuit est belle, le village est heureux, et Jésus et ses missionnaires sont comblés !

Un fermier fauché par la grâce...

Adrian est monté sur la mule du village lors de la procession du dimanche des Rameaux. Adrian, fermier, est plutôt réputé pour être le dur à cuire du village. Grand gars sec, d'une trentaine d'années, la queue de cheval, une boucle d'oreille, Adrian est mordu de voitures. Il a été capable de laisser Mariella, sa femme, pendant deux ans pour aller aux États-Unis, juste pour gagner suffisamment d'argent et s'acheter la voiture de ses rêves.

Cependant, depuis notre arrivée, quelque chose commence à changer dans son cœur. Après plusieurs discussions au coin de l'enclos de ses vaches, Adrian accepte de recevoir la Vierge de Guadalupe chez lui pendant une semaine. C'est par sa maison que la Vierge commencera sa « visite apostolique » dans chacun des foyers du village.

Ce dimanche soir, Adrian et Mariella sont fiers d'accueillir la Vierge. Tout le village est présent et chacun s'étonne du changement d'attitude d'Adrian. Ils prient le chapelet tous ensemble, puis le tableau de la Vierge reste pour une semaine chez eux. En une semaine, que de miracles : le couple décide de se marier à l'église, de suivre une préparation au mariage, et Adrian accepte de jouer le rôle de Jésus pour les chemins de croix du carême. Incroyable ! Quel travail de la Vierge !

Le dimanche suivant, nous arrivons avec les habitants du village chez Adrian et Mariella pour emmener Notre-Dame de Guadalupe dans la prochaine maison. Alors que tous les villageois sont réunis, un nuage de poussière se dessine au bout du chemin. Une camionnette débarque avec à son bord notre Adrian, le visage couvert de sang.

– Ils l'ont buté, ils étaient au moins une quinzaine ! crie le chauffeur de la camionnette.

Mariella, en larmes, pousse des cris. Le village ne comprend rien. Le lendemain, nous apprenons qu'après avoir bu un coup de trop, Adrian a provoqué une bagarre dans le village voisin. Un groupe d'hommes l'a laissé à demi mort dans un bar après l'avoir roué de coups à la tête.

Adrian passe deux jours à l'hôpital. Notre Jésus du chemin croix, qui voulait enfin se marier et avait commencé à changer ! Les villageois et les missionnaires sont abattus ! Toute la semaine, durant les différentes activités de la mission, nous prêchons le pardon. Nous sentons bien qu'une vengeance plane sur le village. Les frères d'Adrian sont prêts à tout pour sauver l'honneur.

Vendredi arrive, jour du premier chemin de croix. Adrian osera-t-il porter la croix après tout ce qui s'est passé ? Nous lui posons la question prudemment, et la réponse est claire :

– Bien sûr que oui, hombre, je la mérite plus que jamais, cette croix ! lance Adrian à Romain, le visage encore marqué par les séquelles de la bagarre.

Au fur et à mesure des chemins de croix du carême, Adrian incarne de mieux en mieux le personnage de Jésus et comprend de plus en plus profondément le message de l'Évangile. Le jour du mariage des couples du village, Adrian et Mariella sont rayonnants. Ce grand fermier mexicain, une cravate à la chemise, m'avoue en me serrant dans ses bras :

– Tu sais, il n'y a pas longtemps, je suis allé revoir ceux de la bagarre. Je leur ai demandé pardon. Je leur ai même dit que j'avais été idiot, que je ne savais pas ce que je faisais. Je leur ai juré que je ne voulais aucune vengeance. J'ai le cœur libre !

Le jour de l'arrivée du Saint-Sacrement dans le village de La Florida, quatre hommes ont été choisis pour porter le dais de la procession de Jésus-Eucharistie. Adrian était l'un d'eux !

Adrian est devenu un des piliers de la petite chapelle. Il s'est engagé comme « Homme adorateur » avec treize autres gars du village. Il rend visite au Saint-Sacrement tous les lundis à l'aurore avant d'aller aux champs. En lui demandant ce pour quoi il voulait que nous priions, Adrian m'a répondu les yeux brillants :
– Prie pour que le Seigneur me donne un enfant !

Qu'Adrian reste fidèle à sa conversion et que, grâce à nos supplications, Dieu lui accorde la joie avec Mariella d'accueillir un enfant !

« Je ne suis pas digne ! »

Treize clochers pour un seul prêtre. C'est sportif ! Plus de dix messes en un seul week-end, c'est un sacerdoce, mais pas forcément bon dans la durée !

En accord avec l'évêque du diocèse, nous mettons en place une formation pour une vingtaine de ministres extraordinaires de l'Eucharistie, dont trois pour La Florida. Le père Juan nous aide à discerner les candidats possibles pour notre village. Nous proposons cette responsabilité à trois femmes : Alma, Maria Isabel et Lourdes. Quand nous faisons part à Lourdes de sa mission, nous voyons couler des larmes sur son visage :
– Je ne suis pas digne, mais je ferai de mon mieux ! Merci de m'avoir choisie !

Nous sommes venus évangéliser ce village, mais les villageois nous édifient par leur attitude face au mystère de Dieu, qui se fait tout petit dans l'Eucharistie ! Durant un mois et demi, nous donnons à ce petit groupe une formation sur la liturgie et sur l'Église. L'essentiel pour nous est de semer en eux un amour fou pour Jésus vivant et présent dans l'Eucharistie.

Une Église vivante!

Notre principale mission à La Florida est de susciter en chacun le désir de s'engager pour sa communauté, suivant ses talents. En partant d'une chapelle poussiéreuse et abandonnée, nous souhaitons mettre en place les éléments essentiels à l'autonomie de la communauté après notre départ.

Ainsi, la mission Tepeyac suscite plusieurs engagements : trois lectrices, quatre catéchistes pour une soixantaine d'enfants, trois ministres extraordinaires de l'Eucharistie, une chorale, dont trois guitaristes, quatorze responsables du chapelet quotidien, quatorze hommes pour l'adoration quotidienne, sept responsables de la propreté de la chapelle et un groupe de seize enfants de chœur.

Chacun se donne de tout son cœur pour le groupe auquel il appartient. Francisco, 12 ans, enfant de chœur et guitariste depuis peu, décide par exemple d'organiser une tombola. Les lots sortent tous de sa chambre. Une paire de chaussures, sa propre montre, une voiture de collection. L'argent récolté permettra d'acheter une aube pour un autre enfant de chœur !

Visites de la famille

C'est sportif avec trois enfants ! Théophane, 3 ans, est devenu trilingue. Silouane, un petit rayon de soleil, suit de près son grand frère, histoire de ne rater aucune bêtise. Juan Diego est un superbe bébé, souriant, très aimé de ses deux aînés.

Malgré la fatigue de certains jours, nous sommes plus qu'heureux de notre vie missionnaire.

Nous avons la grande joie de recevoir le père de Romain. Les enfants sont ravis de pouvoir écouter leur grand-père leur lire des histoires et de faire des câlins avec lui. Vivien et Charlotte, le parrain et la marraine de Juan Diego, viennent aussi partager ce temps de mission à nos côtés. Chacune de ces visites enrichit profondément notre famille et nous donne toujours plus envie d'ouvrir notre porte.

À peine baptisé et déjà missionnaire !

L'invitation est lancée à tous les habitants de La Florida : notre petit Juan Diego sera baptisé dans le sanctuaire de Notre-Dame de Guadalupe. Qui l'aime le suive !

Et quelle surprise quand on nous annonce une semaine avant le baptême que deux cars sont déjà remplis ! La moitié du village a déjà acheté son billet. Les douze heures de bus aller-retour n'ont effrayé aucun des habitants de ce petit village.

– Et ceux qui ne viennent pas, ils restent au village pour traire les vaches de ceux qui s'en vont et préparer la fête à notre retour ! nous lance en riant Chave, une femme célibataire d'une trentaine d'années que nous avons nommée responsable de la petite chapelle du village.

La centaine de paysans voyage toute la nuit du vendredi pour arriver samedi matin au sanctuaire de Notre-Dame de Guadalupe. Nous accueillons nos frères avec grande émotion. C'est un grand cadeau de les avoir auprès de nous. Ces petites gens sont devenus nos amis et nos maîtres.

Durant toute la matinée, nous parcourons le sanctuaire en goûtant chaque recoin, chaque moment de prière. Le baptême de Juan Diego se transforme en un véritable pèlerinage. De nombreuses personnes viennent rendre grâce à la Vierge de Guadalupe pour un cadeau reçu durant la mission Tepeyac. Avec beaucoup d'émotion, nous apercevons Adrian et Mariella, à genoux devant l'image de la Vierge de Guadalupe. Ils viennent remercier « la petite dame » pour la conversion de leur couple. Aaron vient lui aussi remercier la Vierge pour l'avoir libéré de la prison de l'alcool. Il est à genoux, très ému, à côté de sa femme Mona. Tous les deux font partie des couples qui se sont mariés pendant la mission.

Surprise de l'évêque du lieu, Juan Diego est baptisé dans un lieu d'exception : la maison de son saint patron, là où saint Juan Diego vivait et témoignait des apparitions à son peuple. Quelques heures après la cérémonie, nous reprenons tous la route. De retour au village, un banquet digne d'Astérix nous attend. Nous dansons jusque tard dans la nuit au son des fanfares mexicaines ! Les villageois sont au ciel, et nous aussi ! Dieu soit béni pour son nouveau missionnaire, fils bien-aimé de Notre-Dame de Guadalupe et protégé de saint Juan Diego.

Nous devons à présent prendre la route pour le sud du Mexique. Chacun vient nous apporter du riz, des haricots, des pâtes, du pain. Le bus déborde ! Certains nous donnent même de l'argent... Une incroyable générosité, des pauvres qui donnent tout. Une femme n'avait pour seule richesse que sa vache. Elle nous la donne. Nous la faisons tuer. Grâce à sa viande, nous pouvons nourrir nos voisins et le prix récolté nous permettra plus tard de financer une partie d'une clinique !

Nous quittons ce village réputé impossible, le cœur serré, mais heureux du chemin parcouru par ses habitants.

12

Une nouvelle ferveur à Cachivi

Décembre 2010

Chez le « saint patron » des trafiquants

Nous approchons de Cachivi, au sud du Mexique, notre nouveau lieu de mission, encore plus isolé que le précédent. Térésita et ses frères, transformés par la mission du Centre Jean-Paul II, à Gainesville, ont tellement insisté pour que nous nous y arrêtions :

– Mes parents vivent encore là-bas. Il y a tellement de travail à faire dans le village où je suis née ! Notre église est abandonnée.

Après une première prise de contact par téléphone avec le prêtre de la paroisse, nous nous sommes décidés à prendre la route vers ce petit coin perdu de l'État de Michoacán, réputé pour être le plus dangereux du Mexique. Dans la région, le mélange entre trafic de drogue et catholicisme est tel qu'il a donné naissance au « saint patron » des trafiquants : Jésus Malverde. Ce Robin des bois du Mexique n'a rien de saint, ni même de catholique. Et pourtant, quelle ferveur ! Il est vénéré avec des statues, des scapulaires ou des cierges à son effigie...

Après une longue piste en terre au milieu des cactus et de la rocaille, nous découvrons le village et plongeons dans la réalité des habitants : la terre, les animaux, les divisions entre villageois et, au milieu de tout cela, une chapelle consacrée à la Vierge. Au travail !

Alors que Silouane souffle ses deux bougies, la Mission Tepeyac célèbre sa première année d'évangélisation à travers le Mexique. Il y a tout juste un an, nous partions des États-Unis, du Centre Jean-Paul II, en rendant grâce à Dieu pour les merveilles qu'Il avait accomplies dans le cœur de tant de frères immigrés aux États-Unis. Aujourd'hui, nous ne pouvons que nous émerveiller devant tant de cœurs touchés par l'amour du Christ et tant de vies changées au contact de la miséricorde infinie du Père.

Les processions à cheval

Le cœur de ce peuple est aride, à l'image du décor qui nous entoure. Après quelques semaines à Cachivi, nous nous rendons compte que le village est miné par des divisions ancestrales entre familles et, par « tradition », les hommes et les jeunes ne viennent plus à l'église depuis des années ! Nous comprenons

mieux l'avertissement du prêtre lors de notre premier entretien :
– Attention, à Cachivi, ce sont des durs !

En effet, la mission s'avère encore plus compliquée qu'à La Florida. Mais quand la conversion des cœurs semble moins évidente, nous savons à qui faire appel... Le premier projet de la mission Tepeyac est l'organisation d'une procession de la Vierge de Guadalupe dans les rues du village. Seulement, pour que ce ne soit pas qu'une affaire de femmes, nous ajoutons une touche plus masculine en organisant une procession à cheval.

Pour la première procession, seulement quelques hommes participent avec leurs chevaux et leurs sombreros sur la tête. Mais depuis, par le bouche-à-oreille, les cavaliers se multiplient chaque semaine, rompant la « tradition » pour revenir à l'église.

Parmi eux, Miguel Angel et Jose Carmen, deux jeunes du village, reviennent à la foi par la procession à cheval. Touchés en plein cœur par la Vierge, ils promettent solennellement à Marie, avec beaucoup d'émotion, de ne plus boire et de ne plus consommer de drogue durant un an. Nous leur remettons une petite image de la Vierge à glisser dans leur portefeuille, avec au dos leur prénom et la date de leur promesse. Nous confions ces deux fleurs fragiles de la mission Tepeyac. Que la prière de l'Église fortifie leur promesse à la Vierge !

Naissance d'une chorale : la Morenita

Les jeunes sont nombreux dans le village. Certains regardent de loin le chapelet et les différentes activités et d'autres s'approchent au fur et à mesure, attirés soit par les enfants, soit par el Carrito del Tepeyac.

Un soir, après le rosaire, deux jeunes, Fabiola et Innocencio, viennent frapper à la porte du camion et nous demandent :
– Est-ce que vous pourriez nous apprendre à jouer de la guitare ? On aimerait que vous nous donniez des cours.

Nous ne pouvions rêver meilleure introduction auprès des jeunes ! La date du premier cours est fixée. Romain les accompagne pour acheter des guitares à moindre coût dans la ville la plus proche. Une semaine plus tard, nous démarrons... avec une douzaine de jeunes. Chacun a trouvé une guitare, celle du grand-père ou le jouet de la sœur, tous bien décidés à apprendre.

À la porte, les autres copains observent, curieux, Rena leur proposer de former une chorale. Quelques jours plus tard, nous réunissons une trentaine de jeunes. La chorale la Morenita voit le jour. Par la joie de la musique et par l'exigence de cet engagement, nous formons ces trente jeunes, tant humainement que spirituellement.

Depuis, ils s'investissent dans la vie de la chapelle à travers le rosaire ou les processions. Il y a quelques jours, la chorale a engagé un nouveau professeur de guitare qu'ils rémunèrent en vendant des fruits à la sortie de la messe !

La Casita del Tepeyac

Une communauté s'est formée, les catéchistes sont engagés, les jeunes se réunissent deux fois par semaine, le rosaire est prié chaque jour, le Saint-Sacrement reçoit des visites trois fois par jour, mais un problème subsiste : il n'y a pas assez de place !

Avec les jeunes et quelques hommes du village, nous construisons brique par brique la Casita del Tepeyac. Au fond de la petite maison trônent Saint Juan Diego et la Vierge de Guadalupe. Chaque semaine, ce lieu tout humble reçoit les jeunes qui se retrouvent pour la chorale, les enfants du catéchisme, et qui permet à tous de se réunir autour d'un bon plat.

Elle est aussi un moyen de laisser dans le village un souvenir visible de la mission Tepeyac, moment de conversion pour beaucoup !

Un feu nouveau

Lors d'une messe à la paroisse regroupant les différents villages des environs, le prêtre rend grâce pour les vocations éveillées par la mission Tepeyac : trois lecteurs, douze catéchistes pour une soixantaine d'enfants, une chorale dont huit guitaristes, quatorze responsables du chapelet quotidien, une trentaine de personnes pour l'adoration, un groupe responsable de la propreté de la chapelle, et les quatre enfants de chœur !

– Alors que certaines bougies ne semblent plus vouloir s'allumer, aujourd'hui nous voyons brûler la communauté d'un feu nouveau. Que ce village puisse nous encourager chacun dans notre communauté, dans notre paroisse, pour que brûle en nous un feu nouveau !

Quelle fierté pour les habitants de Cachivi !

L'arrivée de Jésus-Eucharistie dans le village

Après avoir eu la grâce de rencontrer l'évêque du diocèse, nous recevons sa permission d'accueillir le Saint-Sacrement dans la chapelle. Le jour de notre départ, une grande fête se prépare. Après avoir décoré l'église ainsi que les rues, tout le monde est réuni pour recevoir Jésus, le Roi des Rois, le Seigneur des Seigneurs.

Pour bénir tout le village, le padre Ruben passe en procession avec le Saint-Sacrement dans tout Cachivi, au milieu des chants et des applaudissements. De retour à la chapelle, il célèbre une messe solennelle au cours de laquelle lui sont présentés, au moment de l'offertoire, tous les fruits de la mission Tepeyac. Après ce moment du Ciel autour de Jésus, un véritable banquet nous attend dans la fameuse maison du Tepeyac, où la joie d'être frères dans le Christ se lit sur les visages !

« La liberté, c'est de servir le Christ ! »

À travers la conversion du petit groupe de jeunes, le village de Cachivi a radicalement changé de visage. Les mots de Jean-Paul II aux Journées mondiales de la jeunesse à Paris ont transformé la vie d'une trentaine de jeunes de ce village perdu.

– Oui, laissez le Christ régner sur vos jeunes vies, servez-le avec amour. La liberté, c'est de servir le Christ !

Le village, conquis par ses jeunes, a peu à peu retrouvé le chemin de l'Église. Alors que notre mission touche à sa fin, nous proposons avec une certaine audace à ces nouveaux missionnaires de nous accompagner pour une semaine dans notre nouvelle mission. Ces jeunes, qui n'étaient jamais sortis de leur village auparavant, vivent avec nous une expérience inoubliable !

En vivant le rythme de prière des missionnaires, en visitant plusieurs villages, ils témoignent avec nous aux enfants, aux jeunes, aux adultes, de cette rencontre « d'amour » vécue avec Jésus quelques mois auparavant. Durant les visites dans les maisons, nous surprenons Fabiola, quinze ans, en train de s'adresser à un groupe de jeunes :

– Mais regardez-moi ! Il y a trois mois, je n'entrais jamais à l'église. Aujourd'hui, j'ai laissé mon village, ma famille pour venir vous dire que Jésus est vivant et qu'Il vous aime... Nous vous attendons ce soir pour la veillée dans la chapelle.

Retrouvailles avec Roman

Roman, ce jeune rencontré durant notre mission à Gainesville, croise de nouveau notre route. Lors de notre départ des États-Unis, il y a deux ans, nous pensions avoir perdu sa trace. Un lien fort nous unissait pourtant à lui. C'est grâce à son opération qu'il avait pu retrouver une vie normale. Seulement, étant illégal sur le territoire américain, notre ami a été arrêté, emprisonné puis renvoyé au Mexique. Par un coup de pouce du Bon Dieu, il a appris notre passage dans son pays et c'est ainsi qu'il débarque un beau jour au milieu de la mission Tepeyac.

Nous sommes fous de joie de retrouver ce petit frère si cher à nos cœurs ! Depuis les États-Unis, les

choses ont bien changé pour lui... Son œil va mieux, mais, désormais, c'est son cœur qui souffre. Il vit un véritable enfer chez lui, avec son père et ses deux grands frères. Ses deux aînés sont plongés dans le trafic de drogue. Armés, ils vivent la nuit. Débarquant avec leurs compères à trois heures du matin dans la maison familiale, ils réveillent tout le monde par leur tapage. Roman nous avoue :
– Je préfère vivre dans la rue que de dormir chez moi ! C'est un cauchemar duquel tu ne te remets pas !

À cela s'ajoute le fameux oncle qui l'avait renversé quinze ans auparavant. Lors de l'accident, l'oncle s'était défilé, niant toute responsabilité. Depuis, le bougre ne s'est toujours pas excusé et vit à cent mètres de chez Roman.
– Tu comprends, il y a les flingues de mes frères, et ce c...ard qui vit à côté ! Il y a des nuits où j'ai des envies de meurtre !

Nous comprenons mieux pourquoi Roman est venu nous chercher :
– Avec vous, j'ai l'impression d'être au Ciel, tout est simple, je peux être heureux et dormir en paix. Mon cœur se calme à vos côtés, nous dit-il assis à la table de notre bus.

Roman effectue deux séjours avec nous, vivant au rythme de la mission, partageant notre humble vie de famille.

Sabino et « l'âme missionnaire »

« Où est-ce que l'on peut se procurer votre CD ? » C'est le genre de question que nous n'aurions jamais imaginé entendre dans notre vie, et pourtant... Lors des différentes retraites, animations et concerts organisés au Mexique, de nombreuses personnes sont « sérieusement » demandeuses d'un CD de la mission Tepeyac. Quelques semaines avant notre départ pour le Guatemala, alors que nous commençons à considérer ce projet de disque comme un appel de Dieu pour la mission, le Seigneur nous envoie une confirmation de taille : notre vieil ami Sabino.

Rencontré aux États-Unis lors de notre mission à Gainesville, ce grand Mexicain, père de trois enfants, doté d'un talent incroyable pour la musique, vient de revenir au Mexique après plus de quinze ans d'absence. Quelle est notre surprise quand nous le voyons débouler devant notre camion ! Impossible d'imaginer que ce petit village perdu au Mexique est en fait le village natal de notre ami musicien des États-Unis ! Les retrouvailles sont belles et nous avons tant de choses à nous raconter ! Voyant dans son retour une vraie possibilité de concrétiser le projet de disque de la mission Tepeyac, nous lui soumettons l'idée. Il est emballé et, quelques jours plus tard, nous voilà tous les trois réunis dans un studio d'enregistrement de la région !

Sabino est musicien professionnel et joue pour gagner sa vie. Au fil de l'enregistrement, son cœur se laisse toucher et il décide de donner un peu de son temps à ce Dieu qui est source de son talent. Il devient ainsi le futur coordinateur de la chorale que nous venons de monter dans son village. Quelle émotion, pour nous, de contempler la concrétisation de ce projet guidé par l'Esprit saint ! À l'intérieur de la pochette de l'album est inscrit : « Seigneur, j'ai une âme missionnaire, conduis-moi à la terre qui a soif de toi... »

Bonus de patience pour les parents

Notre famille est en pleine forme. Théophane, avec ses 3 ans et demi, est le plus heureux des petits garçons. Il se fait toujours autant d'amis dans les lieux de mission où nous allons. Il aime beaucoup l'école et Rena, sa maîtresse. Il apprend déjà les lettres, les nombres et la musique.

Silouane, 2 ans, parle déjà l'espagnol, le français et le portugais en mélangeant un peu tout. Il est une petite boule de joie. Il suit toujours son grand frère à la trace et veut lui aussi aller à l'école. Lorsque Rena enseigne Théophane, il se débrouille toujours pour se faufiler et écoute attentivement la maîtresse.

Juan Diego est un petit troisième extrêmement facile. À six mois, notre petit Mexicain a déjà trois petites dents. Il passe de bras en bras et sourit à longueur de journée. Il continue à fasciner ses deux grands frères.

La mission élargit nos cœurs. Nous nous émerveillons devant notre famille qui grandit en demandant à Dieu, à certains moments, un grand bonus de patience.

13

David contre Goliath à Xigui

Notre nouvelle mission se situe au cœur du village de Xigui, dans l'État d'Hidalgo. Dans les lieux précédents, le curé de la paroisse avait à sa charge un maximum de quinze clochers. *Padre* Ismaël, un Mexicain de 41 ans, en compte quarante-cinq. Une charge impressionnante dans un diocèse d'à peine cinquante ans d'existence !

En raison du poids de sa charge pastorale, le curé nous demande de mener la mission Tepeyac dans huit villages... En visitant chaque jour de nouvelles maisons, nous nous rendons compte que ce peuple est à peine évangélisé, encore imprégné de nombreuses traditions et rites qui n'ont rien à voir avec la foi catholique. Il est important pour nous de purifier, de catéchiser, d'évangéliser la culture de ce peuple. Mais comment faire si le territoire de mission est si grand et les missionnaires si peu nombreux ?

Retraite géante

Dieu nous demande quelque chose de grand, quelque chose que nous n'avons encore jamais réalisé : un week-end de retraite et d'évangélisation pour cinq cents personnes ! Au fil des jours, nous gagnons la confiance des habitants et de la mairie. Elle met à notre disposition un grand hangar dans le centre du village. Le lieu est immense et, chaque matin, en passant devant, nos cœurs tremblent en pensant à la retraite, aux personnes à inviter, à la nourriture, au prêche, à la musique... Nous baptisons ce hangar Goliath... et demandons à Dieu d'avoir la foi de David !

Le grand jour arrive. Goliath est splendide, décoré de guirlandes, de ballons, de statues à droite et à gauche, avec au fond une grande estrade pour l'autel. Cinq cents chaises vides attendent les villageois qui, pour la plupart, n'entrent jamais dans une église ! Le défi est grand... mais le miracle se produit : le hangar se remplit en une demi-heure et la retraite démarre.

À deux missionnaires nous donnons sur deux jours cinq enseignements sur les fondamentaux de la foi chrétienne, animons des temps de louange, la méditation du chapelet, une veillée d'adoration... Un vrai marathon ! En arrivant pour bénir le début de la retraite, le père Ismaël n'en croit pas ses yeux ! Il confesse une bonne partie de la nuit du samedi. À la messe de clôture le dimanche, l'émotion se lit sur son visage lorsqu'il recueille les fruits de la retraite : une centaine de personnes sont agenouillées devant lui. Ayant vécu une véritable rencontre avec le Christ, ils sont tous décidés à servir l'Église. Ils s'engagent comme catéchistes, comme lecteurs, comme sacristains... des huit villages de notre lieu de mission !

À genoux parmi eux, Anayelli, 18 ans. Après un temps de formation, Anayelli est devenu responsable d'un groupe d'une trentaine de jeunes ayant participé à la retraite et que nous accompagnons depuis. Enthousiasmés par la mission, ils servent la chapelle de leur village à travers la musique, les visites au porte-à-porte et la catéchèse des enfants.

La foi de David a eu raison de Goliath, le géant !

14

Trois mois au Guatemala : corps et âme

Après un peu plus d'un an passé dans le pays de la Vierge de Guadalupe au Mexique, notre *Carrito del Tepeyac* traverse une autre frontière : celle du Guatemala. Frontière géographique, mais aussi sociale. Quelle immense différence entre les deux pays ! Si le Mexique contient des poches réelles de pauvreté, le Guatemala ouvre nos yeux à une réalité beaucoup plus étendue. L'Amérique centrale est pauvre, et le Guatemala, porte d'entrée de ce nouveau continent pour notre mission, nous fait prendre encore un peu plus conscience de la nécessité de se mettre au service des plus petits.

Envoyés par l'Église

Pour cette mission au Guatemala, nous expérimentons une nouvelle dimension de la mission

Tepeyac : celle d'être un humble instrument entre les mains de l'Église et d'avoir la certitude que Jésus mène la barque... ou plutôt le camion-bus ! Le secrétaire général de la Conférence épiscopale de l'Amérique latine nous a mis en relation avec le président de la Conférence des évêques du Guatemala. C'est lui qui nous accueille et nous envoie dans une zone rurale pauvre, ayant besoin de missionnaires catholiques.

Nous débarquons à Las Cruces, petit village perdu entre les champs de cannes à sucre, à environ une heure de piste de la ville la plus proche. Autour de ce village, le curé nous confie sept autres villages à évangéliser. Les villageois vivent au rythme de la terre. Ils cultivent le maïs pour préparer leurs tortillas, élèvent quelques poules et cuisinent au feu de bois. C'est au milieu de ce peuple qui lutte pour survivre que nous démarrons un incroyable temps de mission !

« *Notre* » *clinique*

Très vite après notre arrivée à Las Cruces, nous nous rendons compte que des maladies bénignes provoquent la mort chez des enfants ou des adultes par manque de soins et de médicaments. Alors que nous sommes en train de démarrer notre mission d'évangélisation, il nous semble impossible d'annoncer l'Amour de Jésus sans prendre en compte les besoins élémentaires de notre lieu de mission. Au Mexique, la pauvreté étant moins extrême, la question ne s'était pas posée. Au Guatemala, l'Esprit-Saint insiste pour que nous nous lancions dans l'aventure d'une « charité inventive » !

Alors que nous cherchons un docteur pour nos enfants dans la ville la plus proche, on nous recommande la clinique du bout de la rue. Quelle surprise quand nous débarquons devant la clinique Notre-Dame de Guadalupe ! Flairant un coup du Saint-Esprit, nous demandons à rencontrer le directeur... Nous faisons la connaissance de Roberto, avec qui nous devenons vite amis. Jaillit alors l'idée de créer un dispensaire pour les pauvres. Le docteur Roberto, catholique, qui voue une profonde dévotion à la Vierge de Guadalupe, s'enthousiasme et s'engage à réunir une petite équipe de collègues pour soutenir notre projet.

Reprenant son métier d'architecte, Romain dessine son plus beau plan, avec l'aide des habitants. Une fois le projet approuvé par le curé et l'évêque, nous retroussons nos manches avec tous les hommes du village et la première pierre est posée. La coordinatrice de tout le projet, la Vierge de Guadalupe, nous a préparé la pièce maîtresse de la construction du dispensaire.

En cherchant un maçon qui puisse coordonner chaque jour les ouvriers volontaires, on présente à Romain un gars du village. Après lui avoir demandé son prénom, nous l'engageons d'office : il s'appelle José Guadalupe ! En un seul homme les talents de saint Joseph et le cœur de la Vierge de Guadalupe !

Chaque jour, les villageois travaillent avec tout leur cœur à la construction de « leur » dispensaire. C'est une école pour nous. Spontanément, ils proposent de cuisiner notre repas à tour de rôle et, comme le plat d'honneur est la poule, nous avons tous les jours la même recette de poule ! On pourrait refuser et se débrouiller tout seuls de peur de les appauvrir, mais nous sentons que cela nous permet d'être d'égal à égal. Une clinique vaut pour eux bien davantage qu'une poule ! Pendant toute la construction, les gens répètent :

– Jamais on ne pourra vous rendre ça !

Deux mois plus tard, le dispensaire est prêt. L'évêque vient célébrer une messe d'action de grâce pour la mission Tepeyac et procède en même temps à l'inauguration et à la bénédiction de la clinica del Tepeyac. Ce petit dispensaire veut être un projet pilote pour le diocèse.

Gaspar, un des membres du comité de la clinique, prend le micro :

– Je vous remercie d'avoir cru en nous ! Quand des étrangers viennent réaliser des projets humanitaires, ils amènent avec eux le matériel et la main-d'œuvre. Vous, vous nous avez montré que nous étions capables de construire « notre » propre clinique !

En effet, chaque décision concernant l'élaboration de la clinique a été prise ensemble. À travers toutes sortes d'activités, les villageois ont aussi récolté la moitié du budget pour la construction du dispensaire. Quant au docteur Roberto, il adopte la clinique du Tepeyac, prenant notre relais pour la faire fonctionner. Au quotidien, un groupe d'infirmières bénévoles reçoit les patients pendant la semaine. Lui se charge de l'organisation du groupe de médecins pour les consultations du week-end et prend aussi sous son aile Angela, une jeune fille du village. Elle suit gratuitement une formation intensive pour devenir l'infirmière à temps plein de la clinique. Enfin, nous montons un partenariat avec une ONG allemande.

Celle-ci fournit à moindres prix des médicaments de bonne qualité à la pharmacie du dispensaire. Un petit laboratoire permet aussi de réaliser les analyses de base : analyses de sang, d'urine, etc.

Le premier patient est un petit bébé de quelques mois !

Pastorale « douce » de santé

Étant un projet du diocèse, la clinique du Tepeyac s'inscrit dans le cadre de la pastorale de la Santé. En lien avec le comité de direction gérant la clinique, la pastorale de la Santé veille à une politique de prévention et d'hygiène dans les familles.

Samuel, personnellement très concerné, prend la tête de ce petit groupe d'hommes et de femmes du village.

– J'ai bien failli mourir il y a deux ans. Je ne me sentais pas bien et j'ai demandé à un soi-disant infirmier de me donner un médicament. Il m'a proposé une piqûre, m'assurant que je me sentirais mieux. Je ne sais toujours pas ce qu'il y avait dans cette fameuse seringue, mais je suis resté trois jours sans pouvoir bouger aucun de mes membres. Ma femme a bien cru que j'allais mourir. Depuis, j'ai pardonné à ce gars, Dieu ait pitié de lui. En matière de soins, il n'y a vraiment personne de très qualifié dans le coin ! C'est à cause de mon expérience que je veux soutenir la pastorale de la Santé.

Samuel développe avec son équipe ce que l'on appelle la médecine naturelle, ou médecine douce, à base de plantes. Ainsi, dans quelques mois, Las

Cruces produira shampooing, savon et toutes sortes de thés en complément de la clinique du Tepeyac !

Évangéliser les jeunes par les jeunes !

Le père Hugo, curé de notre lieu de mission, nous a donné une consigne claire :
– Travaillez avec les jeunes. Ils sont nombreux là où vous êtes ! Faites tout ce que vous pourrez pour évangéliser ces jeunes.

C'est le genre de phrases qu'il ne faut pas nous dire deux fois ! C'est à partir de Las Cruces, notre village « point de base » pour le travail d'évangélisation des environs, que nous formons semaine après semaine une soixantaine de jeunes à la mission. À l'aide de pièces de théâtre, d'enseignements de toutes sortes, de louanges et de temps d'adoration, nous mettons au point avec eux une série de rencontres capables de toucher le cœur d'autres jeunes.

Ainsi, le mois suivant, nous sillonnons les différents villages avec notre équipe missionnaire en réalisant ces temps d'évangélisation pour les jeunes et par les jeunes. Quelle pluie de bénédictions, tant pour nos missionnaires que pour les personnes évangélisées ! En deux mois, le nombre d'adolescents touchés est impressionnant et, parmi eux, cent cinquante s'engagent dans leur communauté paroissiale. À partir de ce noyau missionnaire, la mission Tepeyac crée cinq nouvelles pastorales de jeunes dans plusieurs villages.

Plonger en profondeur

Et si ce n'était qu'un feu de paille ? Amener tous ces jeunes touchés par Jésus à vivre une conversion en profondeur représente un véritable défi, nous en sommes conscients. Nous sommes cependant bien décidés à le relever et organisons plusieurs « retraites » dans différents villages pour fortifier et enraciner la foi de ces « jeunes pousses ». C'est l'occasion pour les différents groupes créés pendant ce temps de mission de se réunir. Lors de la dernière retraite, six cents jeunes sont présents !

Entre les différents enseignements, les temps de louanges, l'adoration et la célébration de la messe, nous sommes témoins de l'œuvre de Dieu dans leurs cœurs. Qu'il est beau de voir ces jeunes s'ouvrir avec confiance à Jésus. Qu'Il est grand de permettre cette rencontre qui peut changer le cours d'une vie ! Quelle bénédiction d'être témoin de cette jeunesse « qui n'a pas peur de Jésus-Christ, qui n'enlève rien, mais qui donne tout ! » (Benoît XVI, 2005.)

Plus de honte pour les enfants de Marie !

Alors qu'au Guatemala et en Amérique latine une multitude de sectes prêchent un évangile « trafiqué », beaucoup de chrétiens perdent leur amour pour Marie. Mais la patience d'une mère n'a pas de limites, c'est ce que nous pouvons constater le 12 décembre lors de la fête de Notre-Dame de Guadalupe ! Mesurant l'enjeu de cette date pour notre mission, nous ne lésinons pas sur les moyens.

Montés sur un pick-up orchestre, nous animons une procession rassemblant les catholiques des villages alentour : cinq cents personnes chantent et prient Marie avec enthousiasme. Après avoir parcouru les rues principales, nous atteignons le stade de foot du village. Sur la scène de concert construite par les villageois, chants, enseignements et danses alternent toute la soirée. Nous terminons par un temps de prière et d'intercession avec la Vierge de Guadalupe. Ce soir-là, mille personnes sont réunies sur le stade et, parmi elles, une centaine d'évangéliques.

Certains d'entre eux s'agenouillent devant la Vierge, les larmes aux yeux. Ils ont retrouvé la douceur de Marie... À la fin de l'événement, Carlos, l'un des responsables de la communauté, vient nous voir très ému :

— Ce soir, vous m'avez appris quelque chose de grand ! Je n'aurai plus jamais peur ni honte d'être l'enfant de Marie !

« *Je veux être missionnaire !* »

« Moi aussi, je veux être missionnaire ! » Ce sont les perles précieuses que nous récoltons après quelques mois de mission au milieu des villages du Guatemala.

Avec beaucoup de pudeur, sans se concerter, quelques garçons et quelques filles viennent les uns après les autres pour nous demander très sérieusement comment devenir missionnaire. Un des premiers, Marvin, nous confie : « Je veux servir Jésus comme Il le mérite. Je veux lui donner ma vie. Je crois qu'Il m'appelle à devenir prêtre missionnaire ! »

Parmi eux, certains décident de laisser mûrir leur vocation en se mettant au service de la pastorale des jeunes.

Pour un petit groupe de cinq garçons de 18-20 ans, l'appel est plus fort et, aujourd'hui, le père Hugo les accompagne et leur donne des conseils pour qu'ils suivent la voie qu'ils ont choisie avec tout le discernement requis.

Ça swingue !

Depuis l'enregistrement du CD Alma Missionnera, un peu plus de cinq cents copies se sont vendues de la main à la main. Récemment, l'une d'elles est même arrivée à Gainesville, à la plus grande joie de tous les frères que nous avons laissés là-bas !

Nous nous rendons compte que ce disque est un véritable outil d'évangélisation. C'est un beau souvenir que nous laissons dans les lieux de mission où nous passons. En vendant Alma Missionnera, nous récoltons aussi des fonds pour des projets concrets de missions : achat de matériel de musique, participation à des projets de construction.

Au cours de nos déambulations dans les rues, cela nous fait sourire d'entendre notre disque tourner en boucle dans certaines maisons ou de surprendre des jeunes sifflant les mélodies de notre enregistrement !

Retrouvailles avec Juan Carlos

Nous retrouvons Juan Carlos, que nous avons connu aux États-Unis alors qu'il était immigré clandestin et vivait dans un mobile home proche du nôtre. Quand nous l'avions quitté, Juan Carlos avait vécu un magnifique chemin de conversion, malgré une enfance dramatique marquée par le suicide de sa mère qui se prostituait. Il avait pardonné l'infidélité de sa fiancée Carmen, qu'il avait laissée au Guatemala avec leur fils, pour les faire vivre. Carmen, encore loin de l'Église, avait décidé de garder le nouvel enfant qu'elle attendait, mais en le donnant à l'adoption, le jour de la naissance.

Depuis le retour de Juan Carlos au Guatemala, le couple se relève peu à peu de cette épreuve. Carmen vit à son tour une conversion de toute beauté. Ils attendent même un bébé pour le mois de janvier ! Mais, en les écoutant, nous nous rendons mieux compte des conditions dans lesquelles vivent nos amis. Juan Carlos travaille dans une usine et gagne tout juste sa vie. Alors que nous félicitons le couple pour le bébé à venir, Juan Carlos me confie tout gêné qu'ils n'ont pas encore de quoi acheter des habits pour leur enfant à naître. Pour pouvoir vivre plus dignement, il voudrait acheter un petit bout de terrain, construire une maison pour sa famille et réaliser son rêve : se marier à l'église.

Nous sentons que Jésus nous a confié tout particulièrement Juan Carlos pendant toutes ces années.

Virées en famille

Nous veillons à préserver un temps avec les enfants le matin, dans le bus. Rena leur fait l'école. Théophane connaît tout son alphabet et Silouane apprend à dessiner ! Les deux grands frères sont absolument inséparables, s'appelant « mon Théthéo » et « mon petit Silou ». Juan Diego est devenu la mascotte de la mission Tepeyac et marche déjà du haut de ses 10 mois.

Selon les activités de la mission, les enfants nous accompagnent ou pas. Nous pouvons les laisser de temps en temps à des familles ou à des jeunes filles de confiance, notamment pour les messes, ou bien nous nous relayons entre nous.

À Las Cruces, nous nous retrouvons dans un lieu particulièrement reculé. En fin de semaine, si nous éprouvons la joie du serviteur qui a accompli sa tâche, nous nous sentons très vulnérables par rapport aux gens, avec l'impression d'être mangés par eux. Par exemple, dès qu'on prévoit un repas entre nous, quelqu'un frappe. Pas moyen d'être tranquilles ! Nous sommes souvent à bout de forces…

Nous profitons d'un prêt de voiture pour prendre régulièrement un temps de repos en famille, du dimanche après-midi jusqu'au mardi matin. Nous ne percevons pas de signes de ras-le-bol chez les enfants, mais ils sont heureux quand on part ainsi ensemble. Nous en profitons pour vivre des moments privilégiés avec eux, comme aller à la piscine ou à la pizzeria, manger des tacos, regarder des dessins animés…

La mission touche à sa fin… On ne s'y habitue jamais ! Même si nous laissons derrière nous un dispensaire, de nombreuses communautés évangélisées, notre départ nous transperce encore une fois le cœur. Qu'il est difficile de quitter ceux qu'on aime !

15

Au Nicaragua : annoncer le Christ à tout prix !

Le passage des différentes frontières pour atteindre le Nicaragua est un véritable casse-tête, mais nous voilà enfin arrivés ! Le redémarrage est toujours exigeant pour trouver la force de replonger dans une nouvelle réalité. Mais les joies de la mission nous poussent à annoncer le Christ à tout prix !

Le fait que la Conférence des évêques d'Amérique latine choisisse notre lieu de mission est très libérateur : nous savons que nous ne sommes que de petits instruments et que c'est bien le Bon Dieu qui dirige les opérations !

L'archevêque de Managua nous envoie au cœur de la paroisse la plus pauvre de son diocèse. Il nous demande de réaliser, pendant le temps du carême, un travail d'évangélisation de fond avec le père Carlos, curé de La Conquista. Le nom du village est son titre de gloire. Il reflète aussi la personnalité de ses habitants. Au moment de la colonisation du Nicaragua par les Espagnols, ces derniers ont été les seuls à maintenir l'opposition contre l'envahisseur !

Un contexte de mission différent

Dans ce village reculé du Nicaragua, les esprits sont encore très blessés par la révolution communiste des années quatre-vingt. Lors de son premier voyage en Amérique centrale, Jean-Paul II avait insisté pour visiter le Nicaragua alors que les révolutionnaires communistes, au pouvoir depuis peu, avaient tout fait pour l'en empêcher. Il avait néanmoins célébré une des messes les plus agitées et tendues de tout son pontificat, dans un pays plongé « dans une nuit obscure ». Face à un peuple embrigadé par les révolutionnaires, criant en plein milieu de la consécration « Nous voulons la paix », le pape avait proclamé cette phrase historique avec beaucoup de fermeté : « L'Église est la première à vouloir la paix ! »

Quand nous évoquons le nom de notre lieu de mission avec d'autres prêtres du diocèse, leur visage se décompose. La Conquista est effectivement considérée comme un lieu très aride pour la foi. Une partie de la population est très anticléricale, et une atmosphère de peur et de méfiance flotte dans les rues. Lors de notre arrivée dans le village, nous comprenons à certains regards que nous ne serons pas les bienvenus dans toutes les maisons !

Notre chemin de croix !

Le démarrage est difficile. Le prêtre ne veut pas de nous. Personne ne se manifeste. Aucun appel. Nous avons l'impression de n'être rien du tout ! Et si nous nous étions trompés ? Peut-être que le Seigneur ne nous appelle pas ici ? Nous prions une heure chaque matin pour le prêtre, la communauté. Nous redisons à Jésus : « Nous sommes là pour toi ! » Cela nous oblige à revenir à l'appel fondateur. Nous portons cette impuissance en couple dans une grande communion.

Nous demandons à des amis proches de prier pour nous, notamment à des frères de la Communauté de l'Emmanuel. Alors que nous commençons à être véritablement éprouvés dans notre appel ici, au Nicaragua, nous recevons une consolation de taille. Un dimanche, une délégation de la Communauté de l'Emmanuel débarque pour un pèlerinage à La Conquista. Rencontre improbable pour eux comme pour nous ! Nous sommes émus aux larmes. Nous y voyons un encouragement, la tendresse du Seigneur qui donne juste ce qu'il faut pour tenir.

Chemin de croix pour les footballeurs !

Notre maison missionnaire trouve asile dans la cour d'un jeune couple. Le mari, Alvin, un gars de 25 ans, est fan de foot, supporte le Barça et entraîne l'équipe des jeunes du village. Il croit en Dieu, mais préfère qu'Isdania, sa femme, aille à la messe pour lui le dimanche parce qu'il est... « très occupé, tu comprends ! ». Le Seigneur est sacrément audacieux : mettre au fond du jardin d'Alvin une famille missionnaire vivant dans un camion !

Dans l'audace nous aussi, nous proposons aux jeunes du village de monter un chemin de croix vivant pendant les vendredis de carême. Tout le monde est partant, mais aucun n'est candidat pour le rôle de Jésus. Ce sont finalement les joueurs de foot de l'équipe du village qui proposent à leur coach de vivre le rôle de Jésus. Et ça ne manque pas ! Alvin plonge complètement dans son personnage et vit dans sa chair le sacrifice d'amour de Jésus pour lui.

Timidement, il vient frapper à la porte de notre camion, demande des livres et nous questionne sur notre engagement. Il se met alors à participer à toutes les activités organisées par la mission et amène avec lui une bonne partie de ses footballeurs, devenant un élément moteur de la mission.

L'évangélisation par les « bons à rien »

En arrivant à La Conquista, nous avons été frappés par le nombre impressionnant de jeunes qui traînaient dans la rue, désœuvrés, et par la quantité incroyable de joueurs de l'équipe de foot coachés par Alvin. Avec un peu d'audace, nous proposons à ces deux groupes de devenir acteurs du chemin de croix en pleine rue. Les commères du village s'en donnent alors à cœur joie :

– Ce chemin de croix va se transformer en un cirque ambulant. Ces jeunes ne sont que des bons à rien !

Mais nos gars ne baissent pas les bras et, après de nombreuses répétitions, les voilà prêts pour la grande première ! Tous très nerveux, ils se rassemblent autour de nous pour demander à l'Esprit saint la force et le courage de témoigner. La première station démarre, les soldats et Pilate prennent leur rôle très au sérieux. On s'y croirait ! Alors que les femmes de Jérusalem s'approchent de Jésus pour pleurer, nous surprenons quelques filles qui, vivant leur personnage avec tout leur cœur, se mettent à pleurer pour de vrai. Tout le village est très ému et semble accompagner les acteurs et chacune des prières avec beaucoup de ferveur.

Nous passons dans la plupart des rues. Le petit groupe du début s'est largement étoffé. Une bonne partie des habitants, petits et grands, est là pour accompagner Jésus qui marche avec sa croix, au milieu des insultes et des coups de fouet des soldats romains. Jésus est crucifié et meurt sur la croix. Nous invitons chacun à prendre un temps de silence, à se mettre à genoux et à demander sincèrement pardon à Jésus pour tous ses péchés. L'ambiance est impressionnante. Chacun vit ce moment avec une grande dévotion. Au milieu des personnes que nous connaissons déjà s'ajoutent des habitants que nous n'avons jamais vus à l'église. Et pourtant ils sont là, vivant un vrai moment de prière et de communion avec Dieu.

À la fin du chemin de croix, les jeunes sont applaudis avec grand enthousiasme par tout le village. Eux-mêmes n'en reviennent pas. Chacun se félicite avec une réelle joie ! Alors que nous réunissons les acteurs pour remercier le Seigneur pour ce si beau moment, nous leur redisons notre fierté et leur donnons rendez-vous pour la semaine prochaine. De toute évidence, ces chemins de croix ont fait revenir à l'église des gens qui n'y venaient plus depuis longtemps, et ils ont permis de travailler le cœur de tous ces jeunes. Gloire à Dieu !

« OAM ! »

Nous sommes encore une fois époustouflés par les ribambelles d'enfants dans les rues. Comment expliquer alors que la paroisse compte seulement deux enfants à catéchiser pour trois catéchistes ? Où est le problème ?

Ici, les enfants passent une bonne partie de leurs journées à jouer dans les rues avec leurs amis. Comme dans la plupart des pays d'Amérique latine, l'école n'a lieu que le matin ou l'après-midi... C'est pour cela que nous accordons une attention toute particulière aux activités entreprises avec eux. Nous ne voulons pas seulement passer un bon moment ensemble, mais aussi leur faire rencontrer les meilleurs amis qui soient : Jésus et Marie !

Rapidement, ils en parlent à leurs amis et notre réunion hebdomadaire se transforme en un gros groupe de soixante enfants. Les Petits Amis de Jésus et Marie ont deux signes distinctifs. D'abord, la façon de se saluer. Le cri de ralliement du groupe est « OAM » avec le O de oración (prière), le A de amistad (amitié) et le M de mission. En pleine rue, nous sourions en voyant les enfants se taper dans les mains et pousser des grands « OAM ! »

Le deuxième signe du groupe est un dizainier missionnaire. Confectionné pendant le carême par les enfants de l'école Saint-Joseph de Meudon en France, c'est l'élément indispensable du Petit Ami de Jésus et Marie ! Grâce à son dizainier, chaque enfant participe ainsi à la mission en priant le chapelet matin et soir, « OAM » !

Les dizainiers missionnaires français

Les dizainiers missionnaires envoyés par nos parrains français nous aident beaucoup dans cette mission. Chaque activité avec les enfants démarre et se termine par la prière. Nous leur remettons alors ces dizainiers comme quelque chose de très précieux. Oui... très précieux ! Quand nous leur expliquons que ce dizainier a été fabriqué spécialement pour eux par un autre enfant qui vit en France, de l'autre côté de l'Océan, que la Sainte Vierge a demandé la réalisation de la médaille miraculeuse qu'ils tiennent entre leurs mains et qu'avec ce dizainier ils peuvent demander tout ce qu'ils veulent au Bon Dieu, leurs yeux se remplissent d'étincelles.

Mais attention, ces dizainiers ne sont pas donnés en vrac, comme pour une distribution de bonbons, mais un par un, individuellement. Ils prennent cela très au sérieux. Chaque enfant qui le reçoit s'engage à dire une petite prière avec le dizainier matin et soir. À la fin de chaque prière, nous les invitons à embrasser la médaille de la Vierge et à lui demander sa protection. Et puis, en le portant sur eux, ils promettent de ne pas dire de gros mots, de ne pas se bagarrer et de ne pas de tricher ! Ce n'est pas rien, d'être l'enfant de Marie !

Voilà l'usage que Carlitos a fait de son dizainier. Ce petit garçon de 10 ans vit dans une minuscule maison en bois couverte par un toit de taule, avec sa maman et sa tante Anna. Il participe à chaque rencontre que nous organisons pour les enfants et se prépare à sa première communion. Nous apprenons par quelqu'un du village que sa tante Anna est tombée gravement malade. Elle a été transportée à l'hôpital, mais elle a été renvoyée chez elle bien que toujours souffrante. On nous demande d'aller la visiter.

Lorsque nous arrivons chez Anna, Carlitos est en train de jouer dehors avec ses copains. Sa maman nous ouvre et nous montre le lit sur lequel est allongée Anna. Près du lit se trouve un petit oratoire avec quelques bougies, la Bible et... un petit dizainier missionnaire. Alors que la maman de Carlitos me voit regarder le dizainier, elle s'approche de moi et me dit :

– Carlitos prie tous les matins et tous les soirs avec son dizainier. Il le laisse là parce qu'il a peur de le perdre. Je crois qu'il demande à la Sainte Vierge que sa tante guérisse !

Une semaine après notre visite, la tante Anna est debout. Quelle grâce ! Elle vient le dimanche suivant à la messe pour remercier Dieu pour sa santé.

Comme quoi, des moyens tout simples tels que ces dizainiers missionnaires sont vraiment importants. Ils permettent aux enfants de comprendre combien Jésus et Marie nous écoutent quand nous prenons le temps de leur parler. Nos prières comptent tellement pour Dieu...

Les roses de l'Église

Beaucoup de gens trouvent la prière du chapelet ennuyeuse à mourir ! Mais, souvent, c'est par ignorance ou ne sachant pas comment le prier. Comme tous les samedis, nous préparons notre charrette missionnaire. Théophane, Silouane et Juan Diego nous aident à installer la guitare et les micros. Tout est prêt! Nous sonnons quelques coups de cloche et voilà les premières personnes qui se réunissent! Alors que les roues de notre carriole couinent un peu, nous démarrons notre petite procession en chantant. Certains tirent la charrette, d'autres portent la Vierge, et les missionnaires chantent et invitent les habitants du village à se joindre à nous.

À chaque mystère du chapelet, nous nous arrêtons dans une maison. C'est étonnant, mais la Vierge sait très bien où elle veut s'arrêter et pourquoi elle a choisi cette maison. Cette semaine, lors du troisième mystère, nous nous arrêtons un instant pour prier une dizaine de chapelets chez Consuela. Le visage un peu triste, elle nous raconte que son fils, Martin, a de graves problèmes d'alcool. Il avait arrêté de boire depuis un mois, mais, hier, il a recommencé.

Les yeux de Martin, présent à ce moment-là, passent de la honte à l'espérance :
– La Vierge va m'aider. Je le sais, elle ne va pas me laisser tomber!

Nous prions pour lui, pour que la Vierge de Guadalupe lui donne la force d'arrêter de boire. Nous sommes sûrs d'une chose : la Vierge voulait venir chez eux ce jour-là. Le problème ne s'est pas réglé d'un coup, mais son passage et la prière de cette dizaine ont redonné une bonne dose d'espérance à cette famille.

La prière du chapelet, ou prière du rosaire, vient du mot rose. Les roses, pour l'Église, sont le symbole de la joie qui vient de Dieu. Effectivement, c'est vraiment la joie qui caractérise notre procession. Alors que nous passons en chantant, le sourire jusqu'aux oreilles, les passants sont attirés par cette procession peu commune. Ainsi, petit à petit, le groupe de personnes s'agrandit. Les plus jeunes arrêtent de jouer et s'intègrent au groupe en chantant à tue-tête, les plus âgés laissent leur machine à coudre ou leur occupation et sortent de leur maison pour se joindre à la prière.

À la dernière maison, Victoria reçoit chez elle pour une semaine la statue de la Vierge de Guadalupe. Alors qu'elle offre à chacun quelques biscuits à la fin du chapelet, elle nous confie que la Vierge tombe à pic ! Cette semaine, sa famille semble traverser de grandes difficultés. La présence de la Vierge est, pour elle, le signe que Dieu veut leur donner la force de se demander pardon et de retrouver la paix.

L'Église hors les murs

L'église du village est très vieille, mais, heureusement, très bien située. En effet, le parvis donne en plein sur la place du village où tout le monde se réunit pour discuter, boire un coup, jouer aux dames. Mais, de tout ce beau monde, qui entre dans l'église pour voir Jésus ? Presque personne ! Nous avons décidé de leur réserver une surprise…

Un samedi soir, nous réunissons quelques jeunes en confiant à chacun une mission. Une demi-heure plus tard, le parvis de l'église est transformé en mini-scène de concert avec écran géant. Intrigués, les habitants approchent. La guitare et les chants rassemblent vite une petite foule. Alors que tout le monde s'assied où il peut, un film démarre sur l'écran accroché à la façade de l'église.

C'est l'histoire vraie d'un boxeur irlandais devenu champion du monde par amour pour sa famille et en puisant sa force en Dieu. Tout le village a les yeux rivés sur l'écran. À la fin, nous remercions tous ceux qui sont venus en expliquant que l'Église et la foi sont source de grande joie et de grande force. Nous revenons sur quelques temps forts du film et terminons par une belle prière.

L'événement plaît tellement que nous recommençons la semaine suivante en montant cette fois une pièce de théâtre avec un petit groupe de jeunes du village. Les « Jeunes pour le Christ » sont nés !

Les Jeunes pour le Christ

À travers les chemins de croix et les événements d'évangélisation sur le parvis de l'église, de plus en plus de jeunes désertent le terrain de foot et la télévision pour venir se joindre à la joyeuse équipe missionnaire des Jeunes pour le Christ.

Pendant de longues heures, nous répétons avec eux un ensemble de pièces de théâtre et de danses. C'est notre manière de former ces jeunes à la mission et à l'évangélisation en leur donnant les outils nécessaires pour devenir missionnaires. Nous partons ensemble en mission dans un petit village éloigné de la paroisse où le curé ne se rend que très rarement. Nous sommes touchés de voir grandir la foi de chacun à travers l'expérience de la mission et le témoignage de sa foi ! C'est aussi une joie très profonde pour notre couple d'accompagner tous ces jeunes et de leur permettre de découvrir les trésors que Dieu a déposés au fond d'eux-mêmes.

Lors de notre soirée d'adieu, les Jeunes pour le Christ nous offrent un festival de théâtre et de danses. La source d'inspiration missionnaire est loin d'être tarie !

Réconciliées par la chorale

La Conquista, comme bien des villages traversés, est minée par des divisions familiales ancestrales, comme le reflète le célèbre dicton des anciens : « Tu sais, mon petit, plus le village est petit, plus l'enfer est grand ! » Mais voilà, sans le savoir, nous avons invité deux jeunes de familles ennemies à faire partie de la même chorale. Aïe !

Lissenia, par principe et par tradition, ne peut en aucun cas adresser la parole à Emirce, mais, par chance, lorsque Lissenia accepte notre invitation, elle n'a pas la moindre idée qu'Emirce fait déjà partie de la chorale. Ainsi, lors des premières répétitions, nous expliquons, sans rien savoir des divisions du village, que cette chorale représente une nouvelle famille et que, comme dans toute famille, il faudra prier ensemble, s'encourager et... se demander pardon !

Entre les répétitions de chant et de danse, car la chorale danse aussi, les deux filles se côtoient, s'apprécient et se parlent ! Sans faire de bruit, la chorale du Tepeyac a rompu avec une division qui remontait à des générations !

Alors que la paroisse n'avait plus de chorale depuis bien longtemps, nous laissons derrière nous un groupe solide et capable d'animer les célébrations de la communauté.

Un nouveau couple missionnaire : Alvin et Isdania

Qui aurait pensé qu'en ouvrant le portail de leur jardin à notre bus Alvin et Isdania ouvriraient leurs cœurs à tant et tant de bénédictions ? Au-delà du service rendu en nous accueillant, ils deviennent tous deux de véritables frères. Au cours des partages et des temps de prière, nous découvrons leur soif immense de Dieu et leur attrait pour la mission.

D'entraîneur de l'équipe de foot du village, Alvin passe responsable du groupe des Jeunes pour le Christ et des soixante Petits Amis de Jésus et Marie, tandis qu'Isdania s'engage comme responsable de la chorale du Tepeyac. Tous deux épaulent aussi les catéchistes !

Notre lien s'est aussi fortifié à travers nos enfants. Chacun affirme de plus en plus son caractère et sa place. Théophane prend plaisir à discuter comme un grand alors que Silouane est capable de se faire pardonner les pires bêtises avec un simple sourire. Quant à Juan Diego, il ne sait dire que « non » et en profite ! Après cinq années de mariage et désireux d'avoir une famille, Alvin et Isdania ont véritablement adopté notre trio. Ainsi, « oncle Alvin » et « tante Isdania » font désormais partie de notre famille !

Lors de notre dernière soirée avec eux, avec beaucoup d'émotion, nous rendons grâce à Dieu pour cette merveilleuse amitié dans le Christ. Ils sont pour nous le relais le plus solide de la mission Tepeyac à La Conquista !

Les épines de la mission

Toute belle rose comporte des épines.

Un des aspects délicats de notre mission au Nicaragua est le contraste étonnant entre l'envoi en mission enthousiaste de l'archevêque et la relation avec le curé de la paroisse. À notre arrivée, le père Carlos nous a présenté le village comme une communauté aride et sans grâce, de laquelle il ne pouvait rien naître de bon. Au cours de la mission, nous sommes tombés amoureux de ce village capable, selon nous, d'une grande sainteté. De notre joie, au départ, de travailler avec ce prêtre pour le bien de la paroisse nous sommes passés au goût amer des humiliations répétées. Malgré notre désir et nos démarches de pardon, nous avons souffert du manque d'intérêt du curé et de son absence lors des moments clefs pour la mission.

Le Nicaragua restera une mission de « carême », splendide malgré ces épines que nous avons accueillies, non sans peine, mais avec au fond de nous-mêmes une profonde gratitude pour cette proximité avec le Christ et tous ceux qui ont annoncé l'Évangile avant nous !

16

Bolivie, l'envoi au désert à Llave Mayu

Lors des Journées mondiales de la jeunesse à Madrid, en 2011, le vicaire général du diocèse de Cochabamba, en Bolivie, interpellé par notre holybus, s'était intéressé à la mission Tepeyac et nous avait demandé expressément de venir dans son diocèse. Avec lui, nous avions confié tout cela à l'Esprit saint en lui demandant de faire son travail !

Quelques mois plus tard, après de multiples échanges de mails, nous débarquons avec notre maison missionnaire roulante en Bolivie pour préparer les fêtes de Noël et établir les premiers fondements d'une communauté chrétienne... Quand on lui demande, l'Esprit-Saint répond vite !

Notre bus est stationné pour quelques mois au milieu de la rue principale de Llave Mayu, « le lit de la rivière » en quechua, petit village où vivent environ deux cent cinquante familles. La plupart sont des immigrés venus de la campagne en quête d'une vie meilleure dans ce décor aride. Les adultes parlent quechua, et les plus jeunes l'espagnol.

Il y a dix ans, cette périphérie de la grande ville de Cochabamba, au sud de la Bolivie, ne ressemblait qu'à un bout de désert désolé où s'éparpillaient une dizaine de maisons perdues entre les pierres et les cactus. L'urbanisation massive des banlieues pauvres et le blanchiment de l'argent des trafiquants de drogue ont fait pousser, sur ce bout de montagne, des petites baraques faites de briques de terre rouge et de toits en tôle.

Malgré son nom, l'unique et seule rivière qui traverse Llave Mayu est un petit filet d'eau coloré par la terre rouge et pollué par les animaux. Il n'y a pas encore l'eau, et l'électricité est arrivée seulement depuis peu. Il n'y a pas non plus d'église, et il n'y a jamais eu de messe de Noël...

Le père Jacques Delort, prêtre français Fidei donum, nous accueille dans la paroisse Sainte-Marie du Chemin, fondée il y a six ans et regroupant trente-deux villages, dont celui de Llave Mayu. C'est dans ce coin perdu de la périphérie de Cochabamba que nous participons au défi de l'Église de se rendre présente dans ces zones nouvellement urbanisées. Cette mission est certainement l'une des plus arides depuis le début de notre périple... Nous commençons à avoir une certaine expertise en la matière ! Malgré les difficultés apparentes, ce temps est aussi l'occasion pour nous d'approcher et choisir encore une fois le Christ vivant dans la personne des pauvres et de Le servir dans son Église avec une joie profonde.

En « Avent » avec les Posadas !

Pour plonger dans la réalité de ce village, nous utilisons l'une de nos bottes secrètes missionnaires : les Posadas. Le premier jour, nous nous retrouvons face à une petite centaine d'enfants attirés par les chants et les deux statues de Joseph et Marie. Après quelques explications, nous voilà tous partis à la recherche d'une maison pour que la Sainte Famille passe la nuit au chaud. C'est Fidelia et Arturo qui nous ouvrent leur porte.

Quelle grâce de simplicité de se retrouver serrés sur trois bancs, autour d'une table, dans leur unique pièce ! Les bougies illuminent les visages émerveillés des enfants. Au milieu de la nuit, tous réunis autour de la Sainte Famille, nous goûtons une grande joie de ne former qu'une seule et même famille avec les petits et les pauvres. Nous prions le chapelet en demandant à Marie de préparer nos cœurs à recevoir son Fils à Noël. La soirée se termine par la distribution de petits sachets de bonbons. Les uns et les autres rentrent chez eux dans la nuit en chantant.

– Quand je cherche dans mes souvenirs, je ne me rappelle pas avoir vécu un temps de Noël aussi joyeux ! « Merci d'être là ! » nous glisse un des hommes du village avec un sourire.

Nous rentrons nous aussi tellement heureux de nous préparer à Noël avec ces « petits bergers », les pauvres bien-aimés de Jésus.

Tournée théâtrale des enfants

Devant l'enthousiasme des enfants lors des Posadas, nous leur proposons de monter une pièce de théâtre et d'aller visiter les villages alentour pour leur permettre de se préparer eux aussi à Noël. Une cinquantaine d'enfants, fous de joie, s'inscrivent. Rena les réunit tous les après-midi pour répéter et confectionner des déguisements.

Le jour J, tout est fin prêt. Les enfants attendent avec nous le bus qui doit nous emmener au village voisin. Dans un nuage de poussière apparaît un véhicule d'un autre temps. Les enfants trépignent d'impatience ! Une fois que tout le monde est entassé à l'intérieur du bus, Rena fait l'appel :

– Saint Joseph ? Présent ! Elizabeth ? Présente !

Tout le monde est là, sauf la Vierge Marie. Le drame ! Tout à coup, nous voyons Monica, celle qui devait jouer Marie, arriver essoufflée. Elle monte dans le bus et s'excuse :

– Je suis désolée d'être en retard, je suis allée chercher Jésus ! nous dit-elle en souriant, avec un petit bébé dans les bras !

Arrivés sur place, nous nous retrouvons face à un bon nombre de familles et d'enfants. La pièce démarre. Les petits acteurs missionnaires font un tabac ! Le village qui nous reçoit plonge vraiment dans la prière et la joie. Sur le trajet du retour, nous félicitons les enfants. Nous visitons ainsi cinq villages voisins.

Une église dans le désert

Cochabamba fait partie de ces villes d'Amérique latine qui grandissent à toute vitesse. Pour la plupart de ces mégalopoles, l'urbanisation se déploie de manière frénétique dans les périphéries de la ville. Ces zones pauvres, de grande délinquance, deviennent aussi de nouveaux territoires de mission pour l'Église. Llave Mayu fait partie de ces territoires où l'Église est encore très peu présente.

Par les Posadas, les visites et les différentes activités de la mission, les villageois de Llave Mayu ressentent un besoin de plus en plus grand de voir se construire chez eux une église. En discutant avec les membres de la mairie de Llave Mayu, un terrain est donné de manière officielle par le village au diocèse de Cochabamba pour lancer un projet de construction.

Une des priorités pastorales de l'évêque pour cette zone est la construction d'une maison paroissiale pour permettre à un prêtre de vivre sur place. En effet, le père Jacques, vivant en centre-ville, est obligé de faire la navette chaque jour. Nous décidons de rencontrer l'architecte du diocèse et d'élaborer avec lui un projet en trois phases : le centre Notre-Dame-de-Guadalupe, qui répondra aux urgences pastorales comme la messe, le catéchisme, etc., la maison paroissiale, qui accueillera dans les prochaines années un prêtre et un diacre pour la paroisse, et enfin l'église du village.

La présentation du projet au diocèse et au village soulève l'enthousiasme. Mais nous ne disposons que d'un mois pour le mettre en œuvre. Un pari qu'il nous faut relever dans la foi !

Le centre Notre-Dame-de-Guadalupe

Jésus ne gaspille aucun des trésors semés dans nos cœurs ! Une fois encore, Romain met à profit ses talents d'architecte pour dessiner les plans du centre Notre-Dame-de-Guadalupe et coordonner le chantier. La construction se fait en un temps record !

Pour que l'implantation de l'église dans le village prenne tout son sens, nous devons nous appuyer sur les hommes du lieu. Quelle surprise de voir arriver les femmes de Llave Mayu pour se mettre elles aussi au travail ! Briques, ciment, tonneaux à transporter d'un bout à l'autre du chantier… Rien ne les arrête !

Le chantier nous permet aussi de « mouiller le maillot » avec les ouvriers et de trouver une crédibilité plus grande dans l'évangélisation des hommes du village. Jour après jour, coup de pelle après coup de pelle, le cœur des uns et des autres s'ouvre !

La veille de l'inauguration, nous sommes loin d'avoir terminé. D'eux-mêmes quelques ouvriers s'accordent pour travailler jusqu'au petit jour ! À deux heures du matin, un orage nous oblige à poser les outils pour récupérer un peu.

« Cette construction est un miracle ! »

Alors que les ouvriers terminent de poser la dernière porte du centre Notre-Dame-de-Guadalupe, les habitants du village venus à l'avance nettoient le chantier pour accueillir Mgr Tito. C'est une grande première pour Llave Mayu : il y a quelques mois encore, le village ne voyait pas souvent apparaître un prêtre et, aujourd'hui, c'est l'évêque lui-même qui vient les visiter ! Tout le monde est sur un petit nuage.

Avant la célébration de la messe et la bénédiction du centre, Zeide, homme du village et représentant de la municipalité, prend la parole :

– Monseigneur, c'est un véritable honneur pour notre village de vous accueillir aujourd'hui à Llave Mayu. Nous rendons grâce au ciel d'avoir pu recevoir il y a quelques mois les missionnaires que vous nous avez envoyés. Aujourd'hui, nous célébrons quelque chose dont nous n'avions même pas rêvé : l'inauguration de ce centre, premier pas pour nous en tant que communauté chrétienne !

Pour la messe d'inauguration du centre Notre-Dame-de-Guadalupe, l'évêque, son vicaire épiscopal, le père Jacques, un diacre et un séminariste sont présents. Dans son homélie, Mgr Tito rappelle notre arrivée providentielle sur le diocèse et s'exclame, avec une joie profonde dans le regard :

– Mais cette construction est un miracle ! Il y a un mois, il n'y avait rien ici, et voilà qu'aujourd'hui fleurit l'église sur ce bout de désert ! Seul le Seigneur sait combien je vous remercie !

Après la bénédiction du lieu, de la foule, et après avoir coupé le cordon symbolique à l'entrée du centre, monseigneur nous demande de nous approcher devant l'autel et invite la foule à prier avec lui au nom de l'église de Cochabamba :

– Vous êtes arrivés chez nous par pure providence du ciel, et c'est à elle que nous faisons appel aujourd'hui pour votre prochaine mission ! D'autres ont besoin de l'Évangile, d'autres vous attendent. Dieu vous bénisse et vous protège !

Toute la communauté prie le Notre Père. Notre cœur déborde de joie et d'action de grâce d'être missionnaires pour l'Église et pour les pauvres.

Des petites fleurs dans le désert

Alors que les Posadas, le théâtre, la messe de Noël ont réuni tant de garçons et de filles en âge de recevoir les sacrements, nous voulons profiter de cet enthousiasme pour former des groupes de catéchisme. Mais qui dit catéchisme dit catéchistes... Une denrée rare sur la paroisse. Pour les trente-deux villages qui composent le secteur paroissial, on en compte à peine une petite dizaine.

En impliquant certains jeunes dans la mission, nous avons vu poindre en eux de futures recrues. C'est ainsi que Monica accepte de prendre la tête du groupe de catéchisme. Elle sera épaulée par trois autres filles et Juan de Dios, guitariste à qui Romain a pu apprendre une bonne partie de son répertoire.

Un soir, alors que nous visitons la famille de Monica, elle profite de notre présence pour demander à son père la permission d'être catéchiste :

– Oui, c'est bien, ma fille, je suis fier de toi ! Mais si tu le fais, mets-y tout ton cœur. C'est un travail pour Dieu. Fais-le avec tout ton cœur !

Le jour de l'inauguration du centre, Monica, très émue, est présentée à l'évêque et à l'ensemble du village comme responsable du catéchisme. Aujourd'hui, il y a déjà une trentaine d'inscrits, de la première communion à la confirmation.

Le début d'une bonne blague

Malgré les conditions éprouvantes de notre mission en Bolivie, notre famille va bien. Le ventre de Rena s'arrondit de plus en plus et nous attendons avec beaucoup d'impatience la venue de notre quatrième enfant, prévue pour la semaine prochaine ! Nous aurons donc dans la famille un Français, une Brésilienne, deux Américains, un Mexicain et un Chilien... Tout pour ressembler au début d'une bonne blague !

Théophane, bientôt 5 ans, est toujours content d'avoir l'école le matin avec sa maman et de découvrir la lecture ! Il aime son bus du Tepeyac et ses Playmopirates, mais aussi quand son papa l'emmène tout seul avec lui en « mission ». Il découvre aussi les joies du vélo, « même si c'est un peu dur quand même » ! Il passe des heures à colorier. Il guide sa bande de frères avec grande autorité et son jeu préféré est celui du roi et ses deux petits lions, Silouane et Juan Diego !

Silouane, 3 ans et demi, est le plus coquin des trois. S'il apprécie l'école avec sa maman et son grand frère, dès que cela devient trop difficile, il s'éclipse pour aller jouer avec Juan Diego. Il aime les animaux et passe des heures à jouer avec son arche de Noé. Il invente des mots, mélange de français, de portugais et d'espagnol : « grougner » (pour griffer), « essuire » (pour essuyer). Il a une imagination impressionnante et reste pendu aux lèvres de sa maman quand elle raconte des histoires.

Juan Diego, bientôt 2 ans, petit dernier, est facile et câlin. Il commence à parler et sait maintenant se faire comprendre. Il suit partout ses deux grands frères, mais ne se laisse pas pour autant marcher sur les pieds. Il se promène souvent avec une poupée baptisée Aïysse (Alice). Il raffole de sa maman et se blottit dans les bras de « papa chéhi ». Il sait bien où est le bébé de maman et se demande comment il va sortir. Il est fasciné par les animaux, mais « faut pas s'en approcher trop près ! » Il profite des derniers moments de son statut de petit dernier...

Vivre la mission avec trois enfants et un bébé à naître nous fait percevoir combien la famille a besoin de temps pour elle-même. Nous essayons, chaque fois un peu plus, de trouver un rythme qui permette à chacun de grandir au milieu de cette aventure un peu folle. Nous ressentons aussi le désir d'avoir un peu plus d'espace vital. Notre bus de 15 mètres carrés commence à être un peu juste ! Malgré ces contraintes, nous sommes toujours aussi heureux de ce temps de mission auprès des plus pauvres.

17

Au Chili, avec Notre-Dame-du-Mont-Carmel

La Tirana : évangéliser un village fantôme

Si vous voulez vraiment vivre la mission, c'est à La Tirana qu'il faut aller ! nous lance Mgr Marco Antonio Ordenes, du diocèse d'Iquique, au nord du Chili.

Ce jeune évêque rayonnant nous avait été recommandé par le père Sidney Fones, notre contact au Conseil épiscopal de l'Amérique latine. Alors qu'il nous accueille dans son diocèse, il vient lui-même visiter notre bus. Après avoir chaleureusement salué Romain, il s'approche de Rena en posant ses deux mains sur son ventre arrondi par la grossesse. Rena, touchée par tant de simplicité, lui parle de l'attente du bébé. À la fin, il lui confie :

– Tu sais, je suis toujours très ému quand je rencontre une femme enceinte. Avant d'être prêtre, j'étais obstétricien !

Malgré le défi de cette mission dans le désert chilien, nous apprécions d'être envoyés auprès d'un évêque obstétricien !

Oui, vraiment, La Tirana est un lieu de mission ! Ce sanctuaire marial, cœur spirituel du nord du pays, est aussi un lieu de grand combat spirituel. Ce petit village pauvre accueille plus de deux cent cinquante mille pèlerins pour la fête de Notre-Dame-du-Mont-Carmel, au mois de juillet ! La statue de la Vierge du Mont-Carmel, la sainte patronne du Chili, est précieusement conservée dans un sanctuaire. À la fin du mois, le village se vide de ses pèlerins et fait retomber le millier d'habitants dans une torpeur étrange pour le reste de l'année. Perdue en plein cœur du désert, La Tirana souffre d'une grande pauvreté, et qui dit pauvreté dit drogue, alcool et prostitution ! Selon sa réputation, La Tirana est considérée comme la plaque tournante d'une bonne partie du trafic de drogue entre le Pérou, la Bolivie et le Chili.

– Là où la Sainte Vierge répand ses grâces, le démon fait tourner sa queue ! nous glisse l'évêque en nous envoyant en mission à La Tirana. C'est dans ce lieu que, pendant plusieurs mois, nous faisons stationner notre bus et que nous nous retroussons les manches pour travailler aux côtés de la Vierge Marie à faire aimer Son Fils.

Un pêcheur sauvé par Marie

Par où commencer ? À qui faire appel ? À qui demander conseil ?

Durant le mois de juillet, la multitude de pèlerins venus des quatre coins du pays se presse sur la place du village pour voir sortir en procession la Vierge du Mont-Carmel. Le reste de l'année, l'église de La Tirana abrite la sainte statue comme un trésor précieusement gardé. Un jour, alors que nous sommes en train de prier le chapelet devant l'image de Marie, nous sommes touchés par son regard qui semble nous dire :

– Allez, faites-moi sortir ! Emmenez-moi en mission avec vous. J'ouvrirai les cœurs !

Sur chacun des côtés d'une camionnette que nous avons dégottée, nous fixons de gros haut-parleurs pour pouvoir diffuser de beaux chants à Marie et faire savoir aux gens que la Vierge vient les visiter. À l'arrière, nous disposons un autel sur lequel nous installons chaque dimanche la magnifique statue de la Vierge Marie pour qu'elle aille faire « un petit tour »... Nous partons à 4 heures de l'après-midi et revenons en moyenne à 11 heures du soir, soit une procession de sept heures d'affilée !

Alors que notre voiture missionnaire s'arrête chez don Pedro, celui-ci ne cesse de verser des larmes en regardant Marie. Nous prions avec sa famille autour de la statue. Après avoir terminé la prière, il nous raconte :

– Il y a tout juste un an, j'étais un homme fini. C'est Elle qui m'a sauvée, dit-il en pointant la Vierge. Je suis un pêcheur ! Pas seulement un pêcheur de la

Bible... Non, mon métier à moi c'est la pêche ! Il y a un an, j'avais plein de maladies et je n'arrivais plus à travailler. Et pourtant il fallait que je fasse vivre ma famille. Un matin, j'ai proposé à mon frère de m'accompagner à la pêche une dernière fois, car je savais que mes maladies ne me le permettraient plus ! Bien que la mer fût très forte ce jour-là, nous sommes partis. Ma femme et mon fils sont restés sur la rive et mon frère et moi nous sommes partis en affrontant les vagues. La pêche a duré des heures. Nous étions tous les deux dans l'eau. Je chassais avec les palmes et le fusil-harpon, tandis que mon frère, lui, se chargeait de retenir notre petite barque pour ne pas la perdre dans le roulis des vagues. Mon frère commençait à fatiguer ! Nous étions tous les deux à bout de forces. Mon frère a lâché la barque. Nous nous sommes retrouvés en pleine mer. Mon frère m'a regardé droit dans les yeux et m'a dit d'une voix affolée : « Pedro, c'est fini, on ne rentrera plus, c'est la fin, on va mourir en mer ! » Alors j'ai regardé la plage et j'ai vu ma femme et mon fils. Du plus profond de moi est montée cette prière à la Vierge, que je connaissais à peine, la Vierge de La Tirana. Je lui ai dit : « Sainte Vierge, je ne peux pas laisser ma femme et mon fils maintenant, je t'en supplie, ne m'abandonne pas, je suis ton enfant ! » Au même moment, mon frère s'est mis à crier : Pedro, la barque, elle revient vers nous ! » Effectivement, alors que les vents étaient contraires et le courant aussi, nous avons vu la barque revenir jusqu'à nous ! J'ai sauté dedans, j'ai hissé mon frère à l'intérieur et j'ai ramé comme un fou ! En arrivant sur le rivage, j'ai pleuré de joie en remerciant Marie. Depuis ce jour-là, je lui ai fait la promesse de venir habiter chez elle, dans le désert, à La Tirana. Cela fait six mois que nous sommes arrivés, alors tu penses, la Vierge qui vient me rendre visite chez moi ! C'est incroyable !

Après le passage de la Vierge chez lui, il commence à s'investir dans la vie de la paroisse avec toute sa famille. Un beau fruit de Marie missionnaire, étoile de la nouvelle évangélisation, qui va visiter ses enfants bien-aimés !

La nuit de Gaston

Si Marie ouvre souvent les cœurs, son désir profond est de les conduire vers son Fils. Alors que les portes de l'église ferment chaque jour à 20 heures, nous insistons pour ouvrir le sanctuaire durant la nuit du samedi afin de mettre en place un temps d'adoration missionnaire.

Un samedi soir, Gaston et sa femme Marisel entrent dans l'église et se retrouvent pour la première fois devant Jésus-Eucharistie. Arrivé depuis quelques mois à La Tirana, Gaston est un ancien policier éduqué dans un collège adventiste du septième jour et n'a aucune connaissance du Saint-Sacrement. Il avance avec sa femme et passe un bon moment à genoux devant l'autel. La veillée se termine. Le lendemain, il nous saute dessus et nous raconte :

– C'était tellement fort ! J'avais l'impression qu'Il ne regardait que moi, dit Gaston tout ému. Je n'ai jamais senti quelque chose d'aussi fort, c'était tellement beau ! Merci, merci, merci !

Les semaines passent et une belle amitié grandit entre nous. Un soir, le téléphone sonne. C'est Gaston, désemparé :
— Je viens de perdre le travail pour lequel j'étais venu à La Tirana. Je ne comprends pas. Tu n'aurais pas un plan pour moi ? demande-t-il à Romain.
— Moi ? Non. Mais le Bon Dieu, sûrement !

Gaston devient son second pour la construction d'une chapelle, dans un coin très pauvre de La Tirana. Tout au long de la mission, Gaston s'est rapproché de Celui qu'il avait rencontré une nuit dans l'église de La Tirana. Il désire maintenant se marier à l'église et avoir un enfant avec Marisel !

La « cantine missionnaire » et la résurrection de don José

Ce jour-là, dans l'entrée de la maison paroissiale, un vieil homme en guenilles est assis sur une chaise. Romain s'approche pour lui serrer la main quand la secrétaire nous met en garde :
— Ne vous approchez pas de lui, nous venons de le récupérer. On l'a retrouvé ce matin chez lui. Il était étendu sur le sol sans pouvoir se relever. Il est plein de puces et, comme il n'a pas mangé depuis plusieurs jours, il est devenu agressif.

Voilà le premier contact que nous avons avec don José, que la misère a réduit à un état presque animal. Les institutions gouvernementales considèrent que ce serait un investissement à perte de le soutenir :
— À quoi bon soigner ce vieux ? Il va mourir dans une semaine !

En attendant, il est accueilli chez une dame du village qui accepte de s'occuper de lui comme elle pourra. Les jours passent et, au gré des visites, nous découvrons la face cachée des maisons de La Tirana. Il y a beaucoup de « Don José » dans le village qui souffrent de la solitude, de l'alcool et de la pauvreté. « Que votre charité se fasse inventive ! » Ces mots de Jean-Paul II résonnent dans nos cœurs de missionnaires. Mais que pourrions-nous bien inventer pour les soulager ?

En discutant avec les femmes du village, nous imaginons une « cantine mobile » pour les vingt personnes les plus pauvres, trois jours par semaine. Les lundis, mercredis et vendredis, vers 9 heures du matin, les cuisinières zélées se présentent pour préparer le repas. On prie avant de cuisiner et, dès que le repas est prêt, nous l'apportons à domicile. Dans chaque maison, nous prenons le temps de discuter et de prier... Pour ne pas donner seulement la nourriture de la terre, mais aussi celle du ciel. C'est lors de ces tournées missionnaires que nous retrouvons don José.

Jour après jour, durant le carême, nous le voyons renaître. Quand nous l'invitons au festin de Pâques organisé avec la paroisse pour les frères de la cantine mobile, sa joie est grande. Mais, tout à coup, son visage s'assombrit :

– Je ne pourrai pas venir, j'ai même plus d'habits !

Marina, une des femmes de l'équipe missionnaire, n'hésite pas un instant :

– Moi, je vous offre un costume pour Pâques, don José !

Et, le jour du grand repas, il est là tout rayonnant, avec son costume neuf. Et nous, nous sommes les témoins émerveillés de Jésus ressuscité dans les plus délaissés.

Une « porte du ciel » dans le désert

Lors de nos missions avec la Vierge Marie, nous avons découvert un endroit très pauvre aux alentours du village de La Tirana, peuplé par des Indiens venus de la cordillère des Andes en quête d'une vie meilleure. Ils vivent à plus de 4 500 mètres d'altitude et sont experts dans la culture de la terre. Au milieu du désert, ils ont trouvé un lieu pour pouvoir établir leurs maisons et cultiver tant bien que mal cette terre aride. Ils ont baptisé l'endroit Chintahuay, qui veut dire dans le dialecte aymara : « Là où vivent les belles femmes. »

Alors que nous visitons les maisons, Hilarion, responsable de la communauté, nous confie :

– Cela fait plus de vingt ans que nous sommes arrivés ici et, depuis notre arrivée, nous n'avons jamais cessé de demander à Dieu la grâce d'avoir un jour notre propre chapelle. L'évêque me connaît bien, il connaît aussi notre désir. Jusqu'à aujourd'hui, nous célébrons les fêtes de Noël ou de Pâques sur un terrain vague où nous avons planté une grande croix. Dans le vent et le froid, nous essayons tant bien que mal de vivre notre foi.

Plusieurs jours après, l'évêque s'invite à l'improviste dans notre bus et prend des nouvelles de la mission. Le projet de construction d'une chapelle, avec en parallèle tout le travail d'évangélisation qui l'accompagne, enthousiasme l'évêque et les missionnaires. Alors que nous réunissons la communauté de Chintahuay, nous proposons un projet de construction de chapelle, l'inauguration par l'évêque, la préparation des enfants et des parents au baptême, le catéchisme. Quelle belle joie se lit sur les visages !

Oui, c'est une porte du ciel qui s'est construite dans le désert, une oasis où l'on rencontre Dieu, un lieu où l'on reçoit sa miséricorde, un lieu saint. Quel honneur pour nous d'avoir pu, avec ces petites gens, suer sous le soleil du désert pour voir s'ouvrir une « nouvelle porte du ciel » !

Le CV de sainte Thérèse

– Qui sera le saint patron de la chapelle ? demandons-nous à la communauté de Chintahuay, lors d'une réunion de réflexion.

Tout le monde y passe : saint Joseph, saint Laurent, la Vierge Marie... Une femme lève la main dans le fond de la salle et dit :

– Dans l'église de La Tirana, j'ai vu une petite sainte qui tient une croix et des roses dans ses mains... Elle ferait bien l'affaire !

Et quelle affaire ! Quand nous présentons le CV de sainte Thérèse, Française comme Romain, patronne des missions et docteur de l'Église, l'auditoire est unanime : c'est elle qui est choisie !

L'inauguration reflète bien le travail de fond que cette « petite » sainte a accompli dans le cœur de chacun.

Le jour dit, l'évêque est présent ainsi que le recteur du séminaire du sud du Pérou, qui s'est invité avec quelques séminaristes, trois religieuses, un diacre, le curé de la paroisse... Ah Thérèse ! Durant la messe, l'évêque baptise huit enfants, dont nous avons préparé les parrains et parents. À la fin de la célébration, le ciboire est déposé pour la première fois dans le tabernacle. En plein milieu du désert, coule maintenant la source de vie éternelle !

Le Saint d'Étienne

Esteban est né ! Pica et Grand-Papa, parents de Romain, viennent partager avec nous ce temps béni. Pour qu'ils puissent être présents, nous demandons à Mgr Marco de célébrer le baptême le dimanche juste avant leur retour en France. Tout joyeux, il accepte en se réjouissant que notre petit bonhomme soit placé sous la protection du premier diacre et martyr de l'Église. Le jour dit, tout est prêt, quand le téléphone sonne. Monseigneur est tombé brutalement malade et nous demande de l'excuser. Quelques minutes après, un diacre débarque de nulle part :
– Alors, on y va ? On le baptise, ce petit ?
Saint Étienne, premier martyr et diacre de l'Église, tenait-il à que ce petit bébé soit baptisé non par un évêque, mais par un diacre ?
Les enfants grandissent et nous font grandir ! Le Chili est une grande étape pour Théophane et Silouane, qui font leur entrée à l'école. L'essai, pour Juan Diego, est moins concluant... Il tient une heure et demie ! Depuis, il accompagne ses frères à l'école tous les matins en tenant son papa très fort par la main pour ne pas qu'il le laisse !
Malgré la fin imminente de notre mission en bus, nos cœurs sont dans une grande paix : nous savons que notre avenir reste toujours dans les mains de Dieu !

18

Au Brésil, à la porte de la forêt Amazonienne

Nous profitons de notre prochaine mission au Brésil pour passer quelques semaines dans le quartier de Rena, tout près des siens. Un temps béni pour faire le plein de famille, se rebrancher sur le portugais. C'est au cœur du Brésil, au fin fond de l'Amazonie, que le Seigneur nous donne la grâce de terminer notre périple missionnaire de trois ans.

Piçarra : un village perdu au bout du monde !

Un diocèse de 77 000 kilomètres carrés, une quinzaine de prêtres et des milliers de fidèles à faire grandir dans la foi. Le diocèse de Conceição de Araguaia, considéré comme la porte de l'Amazonie, a été évangélisé il y a à peine cent cinquante ans par des dominicains venus du couvent de Toulouse. C'est dans ce contexte de « première évangélisation » que dom Dominique You nous accueille puis nous envoie dans la paroisse Notre-Dame de Guadalupe, l'une des plus reculées de son diocèse. Après des heures de piste, une traversée en bateau sur lequel nous faisons monter notre fidèle Carrito del Tepeyac, nous voilà arrivés dans la petite ville de Piçarra.

En périphérie, au milieu de nulle part, se trouve un quartier bien plus pauvre, le quartier de Brazil Novo. C'est dans ce coin que des familles entières, poussées par la sécheresse ou la dureté de la vie à l'intérieur des terres, viennent chercher une vie meilleure. Sur le premier lopin de terre qu'ils trouvent, ils installent leur maison avec quelques planches de bois. À Brazil Novo, de jour comme de nuit, rôdent les compagnes familières de la pauvreté : l'alcool, la drogue et la violence. C'est là que dom Dominique nous donne pour mission de faire naître et de structurer une communauté d'Église. Tout est à faire...

Habiter une vraie maison !

– J'ai rencontré Dieu dans mes propres problèmes, dit Antonio en éclatant de rire !

Ce personnage, qui paraît tout droit sorti de Tom Sawyer, se tient à la porte de notre future maison, un chapeau de paille sur la tête. Débarqué sans un sou il y a quelques années avec sa femme Alsina, Antonio est devenu au fil des ans l'un des fermiers les plus puissants de Piçarra.

Entre maisons closes et alcool, Antonio dépense sans compter son argent fraîchement gagné. Pendant de nombreuses années, c'est le même rituel : Antonio rentre, s'effondre sur son lit et Alsina lui caresse la tête en priant le Seigneur de changer son cœur. Alors qu'un jour elle n'en peut plus, Alsina décide de partir pour une retraite dans le sud du Brésil. Arrivée là-bas, elle appelle son mari et lui annonce que la veillée sera retransmise sur une chaîne de la télévision. Antonio, amusé, allume la télévision et s'installe dans son canapé. Alors que le prêtre commence à prêcher sur l'infidélité, la prostitution, le repentir, la conversion, Antonio tombe à genoux en pleurs. Il est touché en plein cœur par la grâce. À son retour, Alsina trouve son mari qui l'attend impatiemment :

– Je te demande pardon pour tout le mal que je t'ai fait ! Si tu veux encore de moi, je suis un homme nouveau ! lui dit Antonio à l'oreille en la serrant dans ses bras.

Quelques semaines avant notre arrivée, Antonio avait acheté une maison à Brazil Novo. Lorsqu'il nous voit débarquer avec notre bus, son sang ne fait qu'un tour :

– Cette maison elle est à vous ! C'est Dieu qui me l'a donnée ! Restez-y le temps que vous voudrez !

Merci mon Dieu !

Ademir, de l'enfer à la tendresse

Au fil des semaines, nous nous rapprochons d'Ademir, de Ronilda et de leurs trois jeunes enfants.

Alors que nous proposons chaque semaine un temps de louange, d'intercession et de prière du chapelet dans la rue, nous demandons à Marie de venir bénir les familles du quartier. Au cours des dizaines, nous prions pour que les familles, les jeunes et les enfants soient protégés des différentes blessures du quotidien de Brazil Novo. Lors d'une des dizaines, nous prions particulièrement pour les hommes ayant des problèmes d'alcool. Nous comprenons par l'émotion qui se lit sur le visage de Ronilda qu'Ademir, son jeune mari, a un penchant pour la bouteille.

Rena propose alors à Ronilda un petit travail, et celle-ci accepte de venir nous aider pour la cuisine et les enfants pendant les derniers mois de la mission. Elle devient très vite leur idole.

Ademir, quant à lui, grâce à une amitié profonde avec Romain, décide d'arrêter de boire et s'engage depuis dans un des projets pour les hommes mis en place pendant la mission !

Carlos et Claudio : *touchés par la miséricorde*

Lorsque nous arrivons à Piçarra, dans le quartier de Brazil Novo, le curé de la paroisse, le père Marc de Raimond, un jeune prêtre français du diocèse de Versailles, vient de tomber gravement malade et est rapatrié d'urgence en France.

Sans prêtre pour la paroisse de Piçarra, mais désireux d'une continuité dans la mission, dom Dominique dépose alors le Saint-Sacrement dans l'oratoire de notre maison. Cette présence de Jésus au milieu du quartier est une source inépuisable de miséricorde pour notre famille et pour la mission. Ainsi une fois par semaine, avec la bénédiction de notre évêque, nous organisons des veillées d'adoration pour les habitants.

C'est lors de ces nuits de prière que Carlos, poussé par ses filles, et Claudio, traîné par sa femme, deux hommes éloignés de l'Église, font une rencontre nouvelle avec le Christ. Au fil des semaines, ils redécouvrent la présence réelle et vivante de Jésus dans le Saint-Sacrement.

– Je ne me rappelle pas que mon père m'ait pris une seule fois sur ses genoux. Ce qui m'a toujours manqué pour être un bon père et un bon mari, Jésus est en train de me le donner ces jours-ci, nous confie Claudio.

Petit à petit, nous assistons à une véritable guérison des cœurs pour ces deux pères de famille. Ils rallient d'autres personnes du quartier autour d'eux, permettant que Jésus-Eucharistie soit adoré et visité chaque jour.

Les Pêcheurs d'hommes

Ces derniers temps, Daniel gaspille quotidiennement le salaire gagné dans une ferme du coin. Il y a quelques jours, il s'est séparé de sa femme Valdeiris en claquant la porte, laissant derrière lui ses deux enfants.

Lors d'une mission avec Notre-Dame de Guadalupe dans une des rues du village, Daniel se laisse attirer et son cœur est touché par Marie. Quelques jours plus tard, il demande pardon à Valdeiris et revient vivre chez lui auprès de ses enfants. La semaine suivante, lors d'une visite chez Daniel, celui-ci nous raconte :

– Tu sais, mon père nous a abandonnés quand j'avais 2 ans. Il était mercenaire et travaillait pour les grands fermiers de la région. Son travail était d'éliminer les pauvres qui voulaient envahir les terres des patrons. Un jour, alors qu'il est rentré saoul à la maison, il a commencé à frapper ma mère, puis tout a été très vite. En quelques secondes, il avait son flingue pointé sur la tête de ma maman... J'étais tout petit, j'ai couru le plus vite possible chez le voisin. Quand celui-ci est arrivé, mon père s'était enfui et ma mère était en larmes ! Je ne l'ai plus revu jusqu'à mes 28 ans. Ces derniers jours, j'ai compris que j'allais faire exactement les mêmes bêtises que mon père. Je veux être un homme différent. Et, pour ça, j'ai besoin de Dieu !

Daniel commence à se rapprocher de la mission. Lors d'une veillée d'adoration, Jésus touche son cœur et marque son âme du feu de la mission. Il nous accompagne dans les visites du quartier et le voilà qui commence à donner son témoignage aux durs à cuire du village.

Deux mois plus tard, cette conversion de Daniel donne naissance à un projet missionnaire de feu : les Pêcheurs d'hommes. Alliant football, prière et moments fraternels, ce groupe réveille le cœur de nombreux gars du quartier. Escobar, gardien de but officiel de l'équipe, plus habitué aux comptoirs des bars qu'aux bancs d'église, vient demander le baptême !

Karl Marx, l'enfant de chœur

Abandonné par son père et rejeté par sa mère, Karl Marx (oui, oui, il s'appelle vraiment comme ça !) vit avec sa grand-mère dans une petite maison de Brazil Novo. Souffrant d'un manque cruel d'attention et d'affection, Karl Marx s'est transformé petit à petit en un garçon incontrôlable, devenant vite le fléau de son école et de son entourage. Par pure providence, il débarque un jour chez nous et prend l'habitude de nous rendre visite. Trouvant son compte dans cette famille « particulière », Karl Marx commence à venir à la messe, au chapelet, s'inscrit au catéchisme et devient finalement enfant de chœur. Aujourd'hui ce petit bonhomme a trouvé une nouvelle famille dans la communauté catholique de Brazil Novo.

Construction de l'église Saint-Marc : l'abondance de la Providence divine

– Il faut voir grand : le Seigneur voit grand ! nous lance Antonio, le fermier converti qui nous a prêté sa maison pour la mission. Enthousiasmé par ce qu'il voit se réaliser à Brazil Novo avec les missionnaires, Antonio s'enflamme et accepte de participer pleinement à la construction de cette grande église. Le terrain est déjà à disposition, grâce aux fonds récoltés par le père Marc en France, mais il manque tout de même une bonne partie du financement pour transformer le rêve en réalité.

Romain élabore les plans, réunit la communauté et quelques fermiers fortunés des environs. Par miracle, le budget se boucle ! Antonio prend à sa charge trente pour cent du budget global de la construction. En quelques semaines, le chantier démarre. Bien plus qu'une simple chapelle, l'église comptera cinq cents places, des salles de catéchisme, un espace pour de grands événements et un oratoire marial. Au moment de choisir le saint patron de l'église, la communauté, en hommage au prêtre missionnaire rentré depuis peu en France, choisit saint Marc l'évangéliste. Oui, la Providence est toujours au rendez-vous ! Avec les yeux de Dieu, à nous de voir grand !

Douche de grâce !

Six mois plus tard, dom Dominique, notre évêque missionnaire, revient avec une statue de l'Immaculée Conception, sainte patronne du diocèse, pour visiter le quartier de Brazil Novo et clôturer notre temps de mission. Quel n'est pas son enthousiasme d'en découvrir les fruits !
Tout le quartier de Brazil Novo marche derrière une grande croix en bois taillée pour l'occasion par les hommes du coin. À la tête de la procession, dom Dominique, rayonnant de joie, accompagne les chants, les pétards et bénit à tout-va. Cette grande procession nous guide jusqu'au terrain de la future église. Ce soir-là, trois cents personnes assistent à la messe dans leur nouvelle église. Les murs sont déjà naissants, le toit est matérialisé par des dizaines d'ampoules et toute la beauté de la liturgie rend visible ce qui existe déjà dans le cœur de Dieu. Le Christ se fait présent sur l'autel, l'évêque encourage et consacre chacune des personnes qui se sont engagées à conduire une des pastorales de la communauté naissante. Ainsi, avec beaucoup d'émotion, dom Dominique remet à chacun des responsables une belle croix qu'ils enfilent autour de leur cou !
— Le Seigneur vous a fait la grâce de vous envoyer la visite des missionnaires de Notre Dame, soyez maintenant à votre tour des disciples infatigables pour vos frères !

Entre les chants, les accolades et les éclats de rire, la visite de dom Dominique conclut en beauté nos six derniers mois de mission au milieu des plus pauvres en Amazonie.

Les quatre garçons

Nos quatre garçons nous surprennent chaque jour et nous comblent de joie ! Théophane lit maintenant en français, en portugais et en espagnol. Il a fait l'expérience d'aller à l'école pendant toute notre mission en Amazonie. Grand frère de la tribu, il mène ses petits frères avec beaucoup de tendresse.

Silouane a lui aussi beaucoup aimé son séjour au Brésil. Il a recueilli à peu près toutes les bestioles du quartier. Ainsi, nous avons la joie d'accueillir Noiraud, un petit chat noir à qui Silouane a fait une petite maison « avec un lit, un bureau, et même une chapelle ! ».

Juan Diego est toujours aussi charmeur. Quand les efforts sont trop difficiles, il nous dit : « Ze suis cro petit, papa. » En revanche, pour courir derrière ses frères et accompagner toutes leurs bêtises, Juan Diego est toujours assez grand.

Esteban, quant à lui, est plein de bonhomie ! Star de la mission, il passe de bras en bras sans jamais rechigner !

Épilogue

« Je les conduirai par des sentiers qu'ils ignorent »

(Isaïe 42-16)

Il y a quelques années, alors que nous nous étions fait la promesse de Le suivre là où Il le voudrait, nous étions loin de nous imaginer l'aventure incroyable que le Seigneur nous préparait ! Nous avons alors laissé derrière nous nos deux pays, nos familles, notre sécurité pour partir vers l'inconnu. Aujourd'hui, nous voulons rendre grâce pour tant de merveilles, certains que nous n'avons été que de petits instruments dans Ses mains ! Nous voulons rendre grâce d'avoir été les témoins privilégiés des merveilles réalisées par ce Père fou d'amour cherchant sans cesse ses petits enfants !

Merci pour Ta protection, Seigneur, tout au long de ces années. Malgré l'insécurité de notre quartier aux États-Unis puis, avec la mission Tepeyac, les dangers de la route, le passage des frontières, les nuits passées dans les bidonvilles au milieu des trafiquants, nous n'avons jamais été agressés ni insultés. Oui, ta main protectrice, Seigneur nous a sans cesse protégés.

Merci, Seigneur, pour l'intimité que nous avons pu vivre avec Toi et la Vierge Marie. Dans les moments difficiles, dans la solitude, dans le désert et au milieu des combats de la mission, vous n'avez jamais cessé de montrer votre fidélité en nous donnant chaque jour les grâces suffisantes pour continuer.

Merci, Seigneur, pour ta Providence, qui a toujours permis que nous ne manquions de rien. Devant l'inconnu et la fragilité de notre famille, Tu as toujours donné le nécessaire pour nous et pour chacun de nos quatre enfants, spécialement au moment de leur naissance !

Merci de nous avoir rejoints dans les désirs les plus secrets de nos cœurs, de nous avoir guidés vers un bonheur beaucoup plus grand que celui que nous aurions pu chercher par notre propre volonté.

Merci pour cette mission aux États-Unis, pour le Centre Jean-Paul II, pour Ta miséricorde répandue dans le cœur de nos frères clandestins. Merci pour notre mission au Mexique, la chapelle San Esteban construite avec des jeunes de la rue, les vingt-deux couples qui ont choisi de se marier. Au Guatemala, merci pour le dispensaire Tepeyac construit par les hommes du village et pour cette retraite réalisée pour plus de six cents jeunes ! Merci encore pour les fruits de conversion du chemin de croix des jeunes, marqués par le communisme, au Nicaragua. Merci pour ce Noël célébré pour la première fois en Bolivie et la construction du centre Notre-Dame-de-Guadalupe. Merci pour la communauté des indigènes quechuas du

Chili, la construction de la chapelle Sainte-Thérèse et le lancement d'une cantine missionnaire pour les plus pauvres. Merci, enfin, pour cette dernière mission au Brésil qui, elle aussi, a donné de merveilleux fruits grâce à Ta bonté, Seigneur !

Combien de semences plantées, combien de terres travaillées, combien de frères visités, combien de vies transformées... et tout cela grâce à notre pauvre et simple « oui » ?

Et aujourd'hui ?

Squatters à Santiago du Chili

À la fin de la mission Tepeyac, nous avons pris un temps de réflexion approfondie pour remettre au Seigneur notre famille et recevoir de Lui la suite de la mission Tepeyac. Confortés lors d'une retraite à Châteauneuf-de-Galaure, nous avons redonné un nouveau « oui » au Seigneur pour la mission. Lors de ce temps de réflexion, le père Sidney, notre contact pendant ces trois ans de mission itinérante, est rentré dans son pays natal pour devenir secrétaire général de la Conférence épiscopale du Chili. Ces derniers mois, alors que nous réfléchissons à notre appel futur, nous évoquons avec lui la possibilité d'établir notre famille au Chili pour continuer à vivre de manière sédentaire notre charisme de compassion et d'évangélisation auprès des plus pauvres. Il conseille à Romain de rencontrer l'archevêque pour « pressentir » les éventuels territoires de mission à l'intérieur du diocèse de Santiago.

Lors de ce séjour, Romain fait la connaissance de Mgr Pedro Ossandon, archevêque auxiliaire de Santiago en charge de l'évangélisation pour le diocèse. Revenant tout juste du synode sur la Nouvelle Évangélisation à Rome, Mgr Pedro est profondément touché par notre charisme et demande à ce que nous nous installions dans un des quartiers de la ville.

Accueillis par le diocèse, nous arrivons donc à Santiago pour nous apercevoir que la maison qui nous est destinée est squattée ! Nous nous retrouvons dans un parc avec nos quatre enfants, assis sur nos valises, sans endroit pour dormir. Sentiment déroutant de solitude, d'inutilité... Nous nous demandons :

– Jusqu'où, Seigneur, nous demandes-tu d'aller ? Sommes-nous vraiment à notre place ? Est-ce que nous ne nous sommes pas trompés ?

Le téléphone portable sonne. C'est le vicaire général qui prend de nos nouvelles. Nous lui expliquons la situation. Touché par notre récit, il nous propose de venir nous installer chez lui. Cet hébergement va durer huit mois ! Pendant tout ce temps, nous visitons plusieurs paroisses et finissons par établir notre maison dans notre nouveau lieu de mission : la paroisse Notre-Dame-des-Pauvres, dans l'un des plus vieux bidonvilles de la banlieue nord de Santiago. Ce temps de transition va s'avérer finalement précieux pour construire des relations de confiance avec tout le tissu ecclésial et permettre d'accueillir l'intuition de l'œuvre Misericordia !

L'association Misericordia International

Fruit de nos expériences de mission précédentes, Misericordia est une œuvre catholique de compassion et d'évangélisation. Née lors de l'élection du pape François, elle veut être une réponse aux exhortations de l'Église à travers la voix de notre Saint-Père : « La Miséricorde change le monde : elle le rend plus juste et moins froid » (premier angélus du pape François, Rome, mars 2013).

S'appuyant sur les deux priorités apostoliques du pape que sont la mission et la préoccupation pour les pauvres, Misericordia veut se mettre au service des plus fragiles et annoncer l'Évangile à ceux qui en ont le plus besoin.

Misericordia veut être dans les lieux de souffrance le cœur du Christ qui accueille tous les hommes et duquel surgit l'amour. De ce cœur naissent les deux piliers de Misericordia : la compassion et l'évangélisation.

À travers la compassion, Misericordia souffre avec ceux qui souffrent et vit auprès d'eux le service concret de la charité. À travers l'évangélisation, Misericordia annonce la Bonne Nouvelle de manière humble et respectueuse pour que toute personne puisse connaître Jésus et l'Évangile.

Implanté aujourd'hui à Santiago du Chili, Miséricordia accueille des jeunes et des couples pour participer concrètement à la mission de l'Église en vivant au milieu des plus pauvres. Pour une durée courte ou longue de mission, les volontaires sont appelés à mettre leur cœur à annoncer l'amour de Dieu aux plus blessés et leurs compétences professionnelles

au service des projets de développement établis sur place.
Pour toute information complémentaire
– Par courrier :
Misericordia International
305, rue de Vaugirard
75015 Paris

– Par mail :
contact@misericordia-international.org

– Sur notre site Internet :
www.misericordia-international.org

– Sur notre page Facebook :
Misericordia International

Table

Préface 7

Prologue 11

À l'école de la mission 21
    1. Gainesville Trailer Park 23
    2. Naissance d'une mission 37
    3. L'adoption du centre Jean-Paul II 61
    4. Mission d'hiver 71
    5. Ancrer la mission 91
    6. Passer le relais ! 101
    7. Quelle suite ? 111

La mission Tepeyac 113
    8. Un vrai défi ! 115
    9. Retour à la case départ ! 117
    10. Visa de dix ans pour le Mexique 123
    11. La Florida, un village que l'on pensait perdu ... 141
    12. Une nouvelle ferveur à Cachivi 165
    13. David contre Goliath à Xigui 175
    14. Trois mois au Guatemala : corps et âme 179
    15. Au Nicaragua : annoncer le Christ à tout prix ! 191
    16. Bolivie, l'envoi au désert à Llave Mayu 205
    17. Au Chili, avec Notre-Dame-du-Mont-Carmel .. 215
    18. Au Brésil, à la porte de la forêt Amazonienne .. 225

Achevé d'imprimer en France par

Présence Graphique à Monts

Dépôt légal : octobre 2015

ISBN : 979-10-94556-01-6